OHSAMA BUNKO

龍神に教わる！
運がよくなるスペシャル授業

小野寺S一貴

三笠書房

プロローグ

龍神の教えで「本当の幸せ」、探しませんか

僕らが住む日本は、実は**龍神大国**だ。別にファンタジーの話ではない。実際に幾千万億という数の龍神が息づいて、そこかしこに存在している。これは仏教の経典にも記されている事実である。

では、どこにいるのかというと、まず神社仏閣などの聖域や、清らかな水がある場所。湖や滝で体を休めていることも多い。これも龍神が水神として崇《あが》められている所以《ゆえん》だろう。

そんな龍神は神様と共に人間からの祈りを受け、その力を増す。そして人間の願いを叶《かな》え、その成長を助けることで、この科学の時代まで自らの存在を保ってきた。

そして今この瞬間にも、自らの力を発揮させてくれる出会いを求め、たくさんの龍

神が目を皿のようにして世の中を観察している。

そう。自分とコンビを組み、願いを叶えさせてくれる人間との出会いを探して……。

「そしてガガは私たちに惚《ほ》れ込んで、付いてくれてるわけね。サンキュー！」

そう言うと、妻はニカッと笑った。

「ふん！　そんなわけないがね。おまえらがダメダメだから、仕方なく指導しているのだよ。おまえらの格が下がれば、我まで上司である神様から叱《しか》られるのだ！」

と、ガーガー言うのは、今や龍神界の大スター（？）、**ガガという名の白龍**である。

「まあまあ、ガガさん。それでも僕たちがこうやって幸せを手にできたのも、ガガさんのお陰ですから。あ、もちろん黒龍さんも」

僕の言葉に、もう一柱《ひとはしら》の龍神、**黒龍**が嬉《うれ》しそうに微笑《ほほえ》んだ。

「ありがとうございます。私もガガさんのわかりづらい……、いや失礼。ガガさんのお言葉をわかりやすく説明できるよう努めていますので」

丁寧な口調でよどみなく答えてくれるのが、ありがたい。

この二柱《ふたはしら》の龍神様のお陰で、僕たち夫婦の今がある。

あれは人生に迷った、ある春の日のことだった。

突如《とつじょ》として、このヘンテコな龍神ガガが現われ、ダメダメだった僕たちに**毎日の生活の中で何を変えればいいいか**を教えてくれた。

その教えを実行していくうちに不思議と心に変化が生まれ、いつしか大きな幸せを得ていた僕がいた。すると不思議なことに、家族の仲がよくなり、友人も増えて大きな仕事が舞い込んでくるようになった。

しかもそれだけでなく、神社の神様との絆《きずな》も深まっていったのである。

世の中にはたくさんの開運本があるけれど、本当の幸せはものすごくシンプルなことの先にあったのだ。

事実、龍神の教えはこの何年かで多くの人に実践してもらい、深く浸透してきた。

まだ試したことのない人たちにも、ガガの教えの効果と大きな幸せを感じてほしいと思う。

……と、なんだかエラそうなことを書きましたが、要は**「龍神の教えで本当の幸せ、見つけませんか？」**ということです。

そこで、僕たちがガガさんから教わって実践してきた方法を、余すところなくここで公開していこうと思います。

題して**「龍神に教わる！　運がよくなるスペシャル授業」**。

僕たち、ダメダメな生徒でも、優秀な二柱の龍神様の授業で「幸せ体質」を手に入れられたのです。だから、もちろんあなたにもできること。

ぜひ一緒に授業を受けて、神様に愛され、大きな幸運を摑《つか》んでください！

さあ、スペシャル授業の始まりです！

小野寺S一貴

もくじ

2章

「やまとことば」で運気をグイッと上げる

……たった「一言」の違いが、運を左右！

3章

神様に愛される行動、教えます

……「気付いたら運がよくなっている」人になろう

4章

「人付き合い」と「神様付き合い」は同じ

……面白いほど〝いい循環〟が生まれる人間関係

5章

「逆境」は飛躍のチャンス

……運命は「立ち向かい方」で大きく変えられる

6章 人生は楽しんだもん勝ち

……ワクワクする瞬間、運気もアップ！

写真◎小野寺S一貴
イラストレーション◎高田真弓

登場人物紹介

授業の前にナビゲーター……というか、龍神様にダメ出しされながら厳しく指導される生徒役の僕たち夫婦と、講師となる龍神様をご紹介します。

✦小野寺S一貴

通称タカ。かつては大手企業に勤めていたエンジニア。根っからの理系人間で、以前はなんでも理屈で考えてしまう堅物《かたぶつ》だった。あまりに融通《ゆうずう》が利《き》かないために、ガガに捨てられた黒歴史を持つ。今ではなんとか這《は》い上がり、「我の教えを世に知らせるがね」というガガの言葉に従って、龍神の教えを広めるべく作家として奮闘中。

✦ガガ

タカの妻・ワカを子供の頃より守ってくれていた白い龍神様。ガーガーうるさいから、ガガ。タカ・ワカ夫婦のあまりのダメっぷりに業《ごう》を煮やして、指導に力を入れにやってきた。ガガ曰《いわ》く「守っている人間のランクが下がると神様から叱られる」。龍神とはいえ、上司である神様には弱いようで……。

✦黒龍

ガガの采配《さいはい》によって、奈落の底に落ちたタカとコンビを組むことになった黒い龍神。黒いから名前は黒龍。タカと同様に頭が固く、ほかの龍神とも馴染《なじ》めずに、影のような体の落ちこぼれの龍神だったが、タカと共に数々の試練を乗り越えて、立派な龍神に成長。理論的な説明が得意で、今ではメガネと白衣がトレードマークの人気キャラ。

✦小野寺S和香子

通称ワカ。タカの妻で、子供の頃から見えない世界がわかる人だったのに、長い間その身に起きる様々なことをスルーしてきた、自称「無神論者のリアリスト」。それでも、突然現われたガガに教わった「龍神の教え」を試験的に実践したところ、物事がどんどん好転するのを体感し、ようやく「神様は、いる派」に鞍替《くらが》えした変わり者。

ちなみに、ガガの言葉を仲介しているのはワカです。僕にはガガの声は直接聞こえないので、この本の会話も仲介しているのは妻ワカということになります。

1章

神様に直結する「きれいな心」のつくり方

……どうすれば「願い」が聞き届けられる？

「人間の願い」——神様はこうやって叶えているのです

それは天を見上げるほどに、巨大で迫力のある鳥居だった。僕たちは、その一の鳥居の前でしっかりと一礼すると、聖域に足を踏み入れる。

ゆるい上り坂になっている参道を歩いていくと、両側に並ぶおみやげ屋さんから「ぜんざい」の甘い香りが漂《ただよ》ってきた。いい匂《にお》いだ。

坂道を上り切った交差点の向こうに、二の鳥居が見えてきた。ここには大きな芝居小屋があり、たくさんの人が集《つど》い溜《た》まったことから、勢溜《せいだまり》の鳥居とも呼ばれている。

信号を渡り、二の鳥居をくぐる。そこからは下り坂になっている参道を、ゆっくりと歩いた。

「神社って普通、階段や山を登った高いところに本殿があるのに、ここは違うのね。

上ったと思ったらまた下るなんて、なんか意味深《いみしん》」

後ろを振り返りながら、ワカが不思議そうに言った。

「ふん、バカめ。これこそが出雲《いずも》の神様オオクニヌシの深い秘密なのだよ」

ワカの呟《つぶや》きにガガが、そんなことも知らんのかね？　と、呆《あき》れ顔で言う。

僕たちはその日、島根県は**出雲大社**を訪れていた。神様と龍神様の話を書く上で、オオクニヌシは欠かせないと、ガガに教わったからだ。そこで早速、ご挨拶《あいさつ》に伺ったのである。

「ガガさん、オオクニヌシの深い秘密って一体なんですか？　この参道の上り下りが関係しているとでも？」

僕はガガに聞く。知りたいことはまず聞くというのが、僕のポリシーである。なんせこの龍神様、自分から進ん

出雲大社の「勢溜の鳥居」

で教えるという芸当があまり望めないのだ。

「ではタカに問おう。オオクニヌシは伊勢《いせ》のアマテラスに国を譲ったわけだが、その後はどうしたかね？」

そう言われて、『日本書紀《にほんしょき》』のくだりを思い出す。あれはたしか……。

オオクニヌシは地上世界（葦原中国《あしはらのなかつくに》）を統一し、統治者となる。しかし、天の国（高天原《たかまのはら》）の統治者アマテラスの要求に応えて地上世界を譲った。いわゆる「国譲り神話」である。

そして、その後は……。

「たしか、幽世《かくりよ》にお隠れになった、と書かれていますが」

「さよう。そして見える世界は伊勢神宮のアマテラスが、見えない世界は出雲大社のオオクニヌシが、それぞれ司《つかさど》ることになったがね。そして、見えぬ世界は黄泉《よみ》へと通ずる道でもある」

「あ、なるほど。だからオオクニヌシが鎮座《ちんざ》する出雲大社も、黄泉につながるところという意味で、下った先にあるわけね」

ワカが「納得！」と、手を打った。

かつて地上世界（葦原中国）を統治し、アマテラスに譲った後は幽世に住み、見えない世界を司っているのが何を隠そうオオクニヌシだという。

オオクニヌシが地上から幽世に隠れることを「上って、下る」という過程を経て、疑似体験させてもらえるのが出雲大社というわけだ。

「そんな見えない世界まで表現しているなんて。神社って、すごいわね」

「その見えない神様の世界もオオクニヌシが司るからこそ、全国の神様が出雲へ集まって、縁結びの会議が行なわれるんでしょうね」

境内《けいだい》に配置される**十九社**《じゅうくしゃ》に目をやって、僕は言った。

十九社とは、全国の神様が出雲国に来られた時にお泊まりになる社《やしろ》だ。

「神様ホテル」とでも言おうか。ユーモア満載の世界観で、すごく楽しい。

「さよう。そしてその縁結びの会議こそが、**神様や龍神が総出で人の願いを叶える力ラクリ**だがね」

「カラクリ？　そりゃ、ぜひ知りたいな」

「神様ホテル」ともいえる十九社

何事にも表と裏があって、その見えない裏の部分を知りたいと思うのは、元エンジニアの性《さが》といえよう。食いつかんばかりの僕の表情から察したのか、ガガは続けた。

「まず、日本には八百万《やおよろず》の神様と言われるように数多《あまた》の神様がいる。しかし、その**神様にもそれぞれ得意分野というものがある**のだよ」

「例えば、交通安全の神様とか、恋愛運の神様とか、そんな感じでしょうか？」

僕の言葉にガガは「うむ」と頷《うなず》いた。

「実は、それぞれの神様が手を取り合いながら人間を助け、願いを叶えているのだよ。そこで必要になるのが、神様同士の連携をスムーズにする連絡係だがね」

「たしか、その役割を担うのが龍神様だと……」

「その通りだ。**神様と神様を結び、時に人間とも繫《つな》ぐ。そして神様からの指令を受け**

て、人間を導く役割も担《にな》う。それが我々龍神なのだよ」

そう言ってガガは「エッヘン！」と胸を張った。聞けば龍神は、眷属《けんぞく》（従者）として神様を乗せ、移動する仕事もするらしい（まさに神様タクシーだ！）。神様同士の連携を担い、その指示で人間のサポートを行なう。神様が司令塔で、龍神は現場で直接人間のために働く実働部隊ということだ。

「ちょっと待って。でも、神社にいる獅子狛犬《ししこまいぬ》なんかも眷属でしょ？　龍神とは何が違うの？」

ワカの疑問にガガの目がキランと光った。

「神社にいる獅子狛犬などの眷属は、その神社専属なのだよ。それに対し我々龍神は、一つの神社に縛られん。地球上を縦横無尽に飛び回れるがね」

どうだ、すごいだろう！　と、ガガがさらに胸を反《そ》らせた。そのままひっくり返らないでくださいね……。すると、

「じゃ、年中無休で神様や人間のために働いてくれているのね、ありがたいわ」

ワカの一言にガガが目を丸くした！

「ややや！　それは気が付かなかった。つまり我は、いいようにこき使われていたということかね？　なんということだ！」

騒ぎ出すガガに、僕たちは噴《ふ》き出した。

いやいや。みんな龍神様には感謝していると思う。

だって日本ではどこに行っても、龍神に囲まれている。神社仏閣はもちろん、中華料理の丼《どんぶり》にアニメのキャラクターにアクセサリー。名前にだって「龍」や「竜」が付く人がたくさんいる。街を歩けば龍神の姿をいたるところで目にするし、それだけ「みんなに愛される存在」ってことだ。

龍神は年中無休で神様や人間のために働いてくれる〝ありがたい存在〟

神様と人間は「持ちつ持たれつ」

「あのー、ガガさん。神様と龍神、そして人間の関係性について、もっと詳しく知りたいんですが」

僕が言うとガガは「ふむ、よかろう」と顎《あご》を引いた。

「まず**神様というのは人間の祈りが生み出した存在**だがね」

「へえー、人間の祈りがねえ」と、ワカ。

「さよう。それが日本に多くの神様がいる理由さ。日本人は身の回りのものすべてに感謝と祈りの気持ちを込めた。だから、多くのものに神が宿り、人々を守っている」

なるほど、納得だ。

しかも日本人は物だけでなく、「交通安全の神様」「学問の神様」「縁結びの神様」

というように、人間の所業そのものにも神様を見出した。身の回りにあるすべての物や、起こるすべての出来事に感謝の気持ちを持っていたからこそ、そこかしこに神様を生み出したと言えるだろう。

「古《いにしえ》の日本人は、それをとてもよく理解していたのだよ。なんせ法律にも、それが書かれていた時代がある」

そう、ガガに言われて僕は調査したのだが、調べてみて驚いた。

それは、今から八百年ほど前の鎌倉時代につくられた基本法の「御成敗式目《ごせいばいしきもく》」。これは学校でも習ったけれども、実はその第一条に次のような一文がある。

「神は人の敬《うやまい》によりて威《い》を増し、人は神の徳によりて運を添《そ》ふ」

なんと**神様は人間の敬いの気持ちで力を増す**というのだ！（マジかっ）

まさにガガが言っていることそのままじゃないか。そしてそのために、神社の修理を欠かさず、祭事を大切にせよと、ちゃんと書かれているのである。

つまり、日本人は昔からそれを実行し、龍神や神様の助けを借りてきたのだ。

僕は腕を組んで考えを巡らせた。

「人間の敬いと祈りの力で神様は生まれ、力を増す。そして神様は人間を助け、願いを叶える……」

ハッとして、顔を上げた。

「要するに**神様と人間は持ちつ持たれつ**ということでしょうか?」

「ピンポンなのだ! 正解だがね」

やったぜ、俺。

「タカの言う通り、神様も龍神も人間がいなければ存在することも叶わん。しかし、我々がいなければ人間も自らの願いを叶えるのに苦労するだろう。うまくいかんことも多くなる」

「以前、僕はいつも神社でお願い事ばかりで……。願いが叶った後のお礼を忘れることもしばしばで。そんな一方的な関係ではいけないですよね」

そう言って僕は肩をすくめた。うん、ますます気を付けようと思う。

「そうなのだよ！　だから我が現われたのだよ！　付いてるヤツがダメダメだと我が神様に叱られるがね。我の出世街道に悪影響だったのだ！　評価が下がってクドクドクド……」

そんなにはっきり言わなくても……。まったくバカ正直な龍神様である。

神様は人間の「祈り」が生み出し、人間の「敬いの気持ち」で力を増す

「お願い事が叶った時」の神様へのお礼の伝え方

「例えば、感謝の気持ちを神様に伝えたいと思ったら、具体的にどうすればいいのかしらね？　お願い事が叶ったら、ありがとうございますって、神社でお礼を言えばいいわけ？」

ワカが聞いた。

これは僕もよく聞かれることだ。「神様にどうやってお礼をすればいいですか？」「私が神様にできることを知りたいです」――そんな質問をよくもらう。

さて、龍神様の見解は？

「ふん、素直に喜びたまえ。**わーい、やったーと嬉しがればいい**のだよ」

「喜ぶ？　嬉しがる？」

「へ？　それだけでいいの？」

僕もワカも拍子《ひょうし》抜け。

「『願いが叶った』『目標が達成できた』……。**嬉しいことがあったら、とにかく素直に喜べばいい**のだよ。大げさなくらい喜びたまえ。その気持ちが神様に届き、エネルギーになるがね。逆に言えば、喜ばねば決して届かん」

ガガがそう言った瞬間、神殿の方向から「ドォーン、ドォーン」と太鼓《たいこ》の音が境内に響き渡った。どうやら神事が執《と》り行なわれているようだ。

「**神事で太鼓を鳴らす意味**を知っているかね？」

「いえ、恥ずかしながら」

そんなこと考えたこともなかった。僕が首をすぼめると、偉大なる龍神は「やれやれ」と首を左右に振った。そして説明を始める。

「胸に手を当ててみたまえ。心臓が動いているだろう？」

僕は左胸に掌《てのひら》を添えた。ドキドキと鼓動が伝わってくる。

「鼓動とは、心臓が脈打つ音だがね。人間は嬉しい時や楽しい時、つまり気持ちが高ぶった時にドキドキするだろう？　その音が日本人のＤＮＡに刻まれているのだよ。**鼓動の音を太鼓で表わし、その音が神様や自らの魂を喜ばせる**ことを知っている。伝統にはちゃんと意味があるのだよ」

ガガは笑い、「もちろん我々龍神も、太鼓の音は大好きなのだ」と言った。

なるほど。ここまでで、わかったことがある。

例えば、好きな人がいたとする。同性でも異性でも構わない。つまりは、応援したいと思う好きな人だ。

そして、その人にアドバイスを送り、時に自分が手助けをしたことで、無事その相手の願いが叶った。その時、相手がとても喜んでくれたら、笑顔になってくれたら。

その人の「やったー」は、自分にとっても「やったー」じゃないだろうか？

そして相手からの「ありがとう！」を、何より幸せに感じるはずだ。

それは神様も一緒だという。

「願いが叶った」「目標を達成した」――それを素直に喜ぶことが、神様への何よりのお返しになる。そして神様のエネルギー源になっていくのだという。

「嬉しいことがあったら小難しいことを考えず、シンプルに喜べ。感謝の気持ちが芽生えたら素直に『ありがとう』と言え。これこそが神様への最大限の感謝となるのだよ」

「それなら神社は、その喜びと感謝を伝えに行く場所ってわけか」

僕が頷くと、ガガは嬉しそうに笑った。

そして僕たちにグイっと顔を近づけてきた！　どうやら「感謝しろ」ということらしい。

「神様仏様、ガガ様～。ありがたや、ありがたや」

僕たちは「ははー」と両手を前に出し、頭を下げた。

「素直でよろしいがね」

ほとんど感謝の強制じゃないか、と思いながらも、不思議とガガには逆らえない魅力がある。

ま、いいや。楽しいから。

こんなさりげなく嬉しい鼓動も、出雲大社のオオクニヌシ様のエネルギーになってくれているのかな？　ふと、そんなことを考えた。

きっとなっているに違いない。うん、そう思う。

神様への「何よりのお返し」は、「わーい、やったー」と嬉しがること

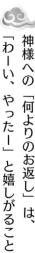

人が成長するために適度な「欲」は必要

参拝を終えた僕たちは、参道をゆっくりと戻った。帰りはまるで再び現世に戻るかのような錯覚におそわれる。ゆるやかな上り坂を、なんとも不思議な気分で歩んだ。素直な心か。嬉しい時は喜んで、悲しい時は悲しんで。人は本来、それが自然なんだろうと思う。

じゃあ、アレにも素直になっていいのだろうか、アレにも。

「ねえ。じゃあ、**欲に対しても素直でいいのかしらね？** 欲はいけないってイメージがあるけど、実はみんな持ってると思うんだけどな」

なんと、僕の心を読んだかのように妻が言う！

そう、それなんですよ、欲！

なんせ欲は強く持ってはいけないという教育を、僕らは受けてきた。

「うん、欲は身を亡《ほろ》ぼすとも言うしね」

僕が呟くと、

「タカさん、それは少々違います」

と丁寧な口調が言下《げんか》に否定した。もちろん声の主は妻ワカだけど。


「あ、黒龍さん。あれ、ガガさんは？」

「ガガさんはオオクニヌシ様はじめ、出雲国の神々の皆さんにご挨拶に行っております。ちょうど今、境内をペコペコしながら回っておられるでしょうから、ここは私がご説明させて頂きます」

丁寧な口調で黒龍は話し始めた。この黒龍さんは、理論立てて解説してくれるから僕たちにとっても本当にありがたい。それにしても、ガガがペコペコなんて。いつも僕たちには威張っているのに、上司に弱いというのは本当らしい。

「タカさんは今、『欲はいけない』とおっしゃいましたが、**人間が成長するために欲**

は必要なものの一つなのですよ」

「では欲は持ってもいい、と？」

「もちろんです。むしろ持たなくてはダメ人間になってしまうでしょう」

だ、ダメ人間って。

「私は長い間、人間界を観察してまいりましたが、多くの人はやりたいことに消極的なのです。失敗したら、笑われたら、と萎縮《いしゆく》して行動できずにいる」

「たしかに『忙しいから』とか『どうせ無理だし』なんて、自分に言い訳している人は多いわね」

「それに『忙しい』って騒ぐ人ほど、本当はやりたいことから逃げてるだけって気もするな」

ワカの言葉に僕は頷く。


「忙しい、どうせ無理。やりもせずになぜ無理と決めるのですか？　誰でも臆病ですし、失敗はしたくありませんが、そこを打開するものこそが『欲』なのです」

黒龍がピシャリと言い放つ。その力強い言葉に、僕は思わず姿勢を正した。

「臆病になった心を奮い立たせるために必要なのが欲です。『こうなりたい』『こういう人になりたい』という欲こそが、人間を行動へと駆り立てます。だからこそ……」

だからこそ、なんだろう。僕は息を詰めて、耳を傾ける。涼《すず》やかな風が境内を吹き抜けていく。

「欲張りになることに、罪の意識を持つ必要はないのです」

「欲を持つことで人間は行動し、成長する。だから罪の意識を持つな、と？」

黒龍は僕の言葉に「そうです」と微笑んだ。

「生きる上での欲や向上心がなければ、人間は成長しません。成長する魂こそが、私たち龍神や神様にとって、最も尊いエネルギー源とも言えるのですから。**願いを叶えるとは、一つ成長することでもある**のです。ほら、タカさん、ごらんなさい」

参道を戻り切った時、黒龍さんの言葉にふと左の方向に目線を向けた。

そこには、第八十代出雲国造《いずものくにのみやつこ》である千家《せんげ》尊福《たかとみ》さんが背筋を伸ばして立つ像があった。

ピンと閃《ひらめ》く。なるほど、黒龍さんが言いたいのは、こういうことじゃないだろうか。千家尊福は神官であったにもかかわらず政治の世界へ身を投じ、埼玉県知事、静岡県知事、そして東京府知事を歴任した後に、貴族院議員として司法大臣にまでなった人物である。

「へえー、変わってるわ。でも、オオクニヌシは見えない世界を司るのよね？　一体どうして政治みたいな現実世界に、出雲の神官が乗り出したのかしら？」

と、妻が疑問の声を上げげた。たしかに、そういう見方もできるだろう。

「それが千家尊福さんの時代は、明治政府の方針で国家神道の整備が進められていたんだよ。そのままではアマテラスをはじめ、伊勢の神様を中心に据《す》えられてしまうと危機感を覚えて、出雲のオオクニヌシも加えてほしいと行動を起こした。その時に、やっぱり政治の力が必要だと感じたのかもしれないって、僕は思う」

この行動は多くの支持を集めたものの結局、実現はしなかった。

しかし、出雲大社教《おおやしろきょう》を設立することで、出雲大社は今に続く「祈りの場」として多くの参拝者で溢《あふ》れている。

これも「見えない世界を司るオオクニヌシもお祀《まつ》りしたい」、そして「国民の幸せのためにそれが最も相応《ふさわ》しい姿である」と信じ、実現させたいという「欲」がつくり出したものなのかもしれない。

「だからこそ、日本人にはもっともっと欲を持ってほしいのです。それこそが行動し、**魂を成長させる原動力**になるのですから」

黒龍の言葉に、僕は大きく頷く。

「自分を成長させるための欲ならば、どんどん持つがね」

ガガの言葉が、本殿の方から聞こえてきた気がした。

臆病になった心を奮い立たせるのに必要なのが「欲」というもの

「本当の祈り方」を知れば、動かずにはいられません

勢溜の鳥居を出ると、ご縁横丁に特産品やおみやげを売る店が並んでいるのだが、これがまた賑《にぎ》やかで楽しい。まるでちょっと昔のお祭りに来た感覚である。

「わ。あれ食べたい」

ワカが「出雲そば」と書かれた看板を指差した。

「お。いいね。行こう、行こう」

そばは、僕たち夫婦の大好物である。特に出雲そばは、最初に出雲を訪れた時に食べて以来、大好きだ。

「それにしても、おまえらは行動がわかりやすいがね。まあ、そのわかりやすいとこ

ろが、**神様への祈りの強さ**に繫がっているのだがな」

「神様へのペコペコ」は終わったのだろうか。いつの間にか戻ってきたガガが何気なく言った言葉に、僕は反応した。だって、お得な情報は聞き逃したくない。

「**わかりやすい行動が祈りの強さに繫がる？**　ガガさん、それってどういうことですか？」

「むむむ、タカや。おまえ、そんなことも理解できんのかね？　情けない」

そりゃ悪かったですね。僕は下唇を突き出す。ガガは続けた。

「では、そもそも『いのり』とは何かね？」と、逆に問うてくる。

「祈りって言えば、まあ、あれよね。ほら、こーゆー感じのさ」

そう言ってワカは両手を組んで跪《ひざまず》き、目を瞑《つむ》った。しかも道の真ん中でだ。さすがの度胸である。

しかし、実際多くの人は、祈りと言えばこういう姿を想像するだろう。

「ガハハ、おまえは相変わらず面白いがね！　タカも真似てみたまえ！」

嫌ですよ、恥ずかしい……。ガガは続けた。

「たしかに外国の宗教では、神に対して跪き、長い時間かけて祈りを捧げる。だが**日本の神様にとっては、自分の与えられた仕事を一生懸命にこなすこと、やりたいことに一生懸命に取り組むことこそ祈り**なのだよ」

ガガによれば、**「いのり」とは意《い》を宣《の》る、**ことだという。

それは言葉で発するだけでなく、自らの意志に沿った行動をすること。

歌がうまくなりたければ、一生懸命に歌のレッスンをする。足が速くなりたければ毎日走る。いい学校に行きたければ受験勉強を頑張る。その行動すべてが祈りなのだという。

「タカや。あれを見たまえ」

ガガが指差す方向……と言いたいところだが、なんせ僕にはガガの姿が見えないので、ワカがその意図を汲《く》んで暖簾《のれん》を指差した。その暖簾には「ぜんざい餅《もち》」と書かれていて、ゆったりと風に揺れていた。

「あ、ぜんざい餅ですね。出雲はぜんざい餅発祥の地でもあるんですよ」

「あ～、そばもいいけど、ぜんざいもそそられるわ～、どっち食べよう？」

ワカが悩ましげに唸《うな》る。

「バカモン、違うがね。我は暖簾のことを言っているのだ！」

「あ、スミマセン」

なんだ、ぜんざい餅じゃなかったのか。なにぶん、この場所は誘惑が多すぎる。


「暖簾は、ただの飾りではないのだよ」

「え？　知らなかったな、そうなんですか？」

「さよう。あれは鳥居やしめ縄と同じで、結界《けっかい》を張るという役割を持っている神聖なものだがね。店の中は商《あきな》いの場だ。つまり……」

「わかった。祈りの場になるわけね」

閃いたらしいワカが指を鳴らした。

「その通りだ。**昔から日本人は、働くことさえも祈りと考え、その神聖な場所に魔障《ましょう》を入れないようにと結界を張った**のだよ。それだけ日本人にとって働くことは神聖なことだったのさ」

日本の神様は働き者である。なんせ最高神アマテラスでさえ、自分の田んぼを持ち、稲を育てているほどだから。外国の神話では、働くことが罰であることが多いのに対して、これは大きな違いだろう。

「仕事をはじめ、**自分のやりたいことに一生懸命に取り組む姿こそが、神様への祈りとなり、意思が伝わっていく**のだよ」

「なるほど～。だから私みたいに、『出雲そばが食べたい』『ぜんざい餅も食べる』と素直に行動することが大事ってわけね」

ワカがポンと手を叩《たた》いて声を上げる。

「日頃から自分の好きなこと、やりたいことを明確にして、素直に行動することを心がけるとよいだろう。すると心が伴わない裏腹な行動がなくなり、神様に祈りが届きやすくなるのだよ」

そう言ってガガは笑った。

「あれ？　そういえば、神様へのご挨拶は終わったんですか？」

僕がガガに聞くと、

「オオクニヌシは人気があるからな。社殿の前にずらりと先客の神様や龍神たちが並んでいたのだよ。仕方がないから黒龍に並ばせているから心配いらんがね」

そう言ってガガは大きな口を開けて、ガハハと笑った。

黒龍さんも大変だ、と思いつつも、

「こういうガガのわかりやすい行動こそが大事なのかもしれないな」

そんなことを思った。

自分の好きなこと、やりたいことを
ハッキリさせて素直に行動！

神様にとっての「ご馳走」って、なんだろう？

ガラガラガラ。「いらっしゃいませー」

そば屋に入ると、感じのいい店員さんが元気に迎えてくれた。

僕たちは迷わず割子《わりご》そばを注文する。三段に重ねられた丸い漆器《しっき》に、そばが盛られている。濃いめのツユと、大根おろしや海苔《のり》などの薬味を、そばにダーッとかけて食べるのが特徴だ。

「うん、ウマい！」

僕が感嘆の声を上げるとワカも「ほんと、美味しい！」と、そばを勢いよくすする。

「やっぱり実際に現地で食べると、美味しさが違うわね」

そう言って、早くも二段目のそばに手を伸ばした。

喜々として食べるワカを見て僕は思った。たしかに美味しいものを「美味しい！」と素直に言葉や表情で表わせる人を見ていると、こちらも嬉しくなるな、と。楽しそうに食べる姿こそが大事なのかも、とも。

「ありがとうございましたー、またのお越しを！」

気持ちのいい声を後に、僕たちは店を出る。ところが僕たちの満足度に反して、なにやらガガがご立腹だ。

「ふん！　おまえらはいいがね。好きなものを食えてな。我も、そばというものを味わってみたいがね！　一体どんな味なのかね！」

ガガが悔しそうに喚《わめ》いた。

「そ、そんなこと言われてもなあ。だいたい龍神様って、人間の魂を味わってエネルギーにしてるんですよね？」

神様も龍神も、人間の崇高《すうこう》な魂をエネルギーに変えていると言っていた。ならば、そこにも味があるのだろうか？　そして、ウマいマズいはあるのか？

ムクムクと興味が頭をもたげてくる。

「ガガさん。魂に味って、あるんですか？」
「そりゃ、あるがね。もともとのタカの魂は固くて苦くて、食えたもんじゃなかったがね。ぺっぺっ！」

ううう、悔しいが、何も言えない。

以前の僕は頭が固く、何にでも理論的な説明を求めた。何より「～しなければいけない」「～が正しい」と、自分の考えに執着して他人の意見に耳を貸さなかった。

人から好かれなかった僕の魂がマズかったのは、悔しいが本当だろう。

「それに比べ、こいつ（ワカ）の魂は癖《くせ》があって、なかなかイケるのだよ。まあ、好き嫌いはあるだろうが、我はハマった味だったがね」
「ははは、なんかそれ、わかる気がします」

思わず笑うと、ワカが頬《ほお》を膨《ふく》らませて「ちょっと、それ、どういう意味？」と僕を睨《にら》む。

「まあ聞け。簡単に言えば、**龍神のご馳走《ちそう》となる魂は『成長する魂』**だがね」

成長にも、いろいろあると思うけど。

「自ら決断して、生きられる魂さ。**主体性があるヤツ**は成長するがね」

「それは**何事にも『自分のこと』として取り組める人**ってことでしょうか？」

僕が聞き返すとガガは素早く頷き、続ける。

「さよう。自主性のあるヤツは、常に『自分のこと』として物事と向き合えるのだ。『どこを直すべきか？』『どうすれば、うまくいくか？』を常に考え、行動に移す。そして失敗しても他人のせいにせずに、ちゃんと反省もできる」

僕は腕を組んだ。

うん、自分の失敗を認められる人も、素直な人といえるだろう。

「それに主体性のあるヤツは、自発性もある。当然、問題に直面することも多いが、それを打開するために、すぐに人に聞いたり、調べたりする柔軟性も持っているのだよ」

たしかにその通りだと思った。

サラリーマン時代を思い出す。会社でも、デキる人ほど主体的で問題意識も高かったし、逆に成長しない人ほど受動的で教えてくれるのを待っている傾向が強かった。

「**自主性を持って、積極的に考え、動ける人ほど龍神に好かれやすい**ということですね」

「そうなのだよ。それに何より、そういうヤツの魂はウマいからな」

そう言ってガガは舌なめずりをした。

神様や龍神様に喜んでもらえる魂になるために必要なのは「自主性」らしい。

自主性を持って行動すれば、失敗しても誰かのせいにすることはできない。自然と責任感も芽生えていく。主体的に行動することで、人間は成長していくのだ。それこそが、神様や龍神様に好かれる魂なのだ。

龍神様が大好きなのは「自主性」がある人の「成長する魂」

「知っているけど、やってない」は知らないのと同じ

「それって真理よね、すごくよくわかる」

ガガの話にワカが口を開く。

「成長しない人は『それは自分だって知ってます』とかなんとか言って、言い訳をするのよ。それって結局、知ってるけれど、行動に移してないってことでしょ？　例えば、あの彼とあの彼女、それから」

わわわわ、それはここでは言っちゃダメ！

「その通りさ。**『知っているけど、やってない』というのは、知らないのと同じこと**だがね。そういうヤツは誰かが何かの成果を上げた時には『それは私も知っていた』などと主張するのだ、負け惜しみを言いおって」

ガガは嘆《なげ》かわしいと両手を広げて首を振る。

「いわゆる『**知行合一**《ちぎょうごういつ》』ですよね」

僕が言うと、

「もう~。またタカは難しい言葉で知識をひけらかそうとするんだから」

と、ワカ。

いやいや、別にそういうわけじゃないから、と思いつつも、せっかく持っている知識はみんなに知ってほしいという欲もある。


知行合一とは中国、明《みん》の時代の儒教学者・王陽明《おうようめい》がおこした陽明学の教えの一つだ。

「知は行の始《はじめ》なり、行は知の成《な》るなり」

つまり、**知ることは行動が伴って初めて完成する**という意味である。

実は今、僕たちのいる島根県のお隣、山口県。そこはかつては長州藩と呼ばれた場所だ。そして、明治維新を成し遂げた長州の志士たちも、この言葉を実践した人たちだった。

初代総理大臣であり、かつて千円札の肖像画にもなった伊藤博文や、高杉晋作《しんさく》、木戸孝允《たかよし》といえば幕末維新の有名人だ。時代劇などでもよく登場する。

そして彼らを輩出したのが、吉田松陰《しょういん》という陽明学者が塾頭を務めていた松下村《しょうかそん》塾。松下村塾に「知行合一」の掛け軸が掲《かか》げられていたのは有名である。

彼らには議論だけでなく、**凄《すさ》まじい行動力**があった。その行動力こそが、近代日本への道を切り拓《ひら》いたと言ってもいいだろう。


「だから、『知っているけど、やってないは、知らないのと同じ』という言葉は真理なのよ。知っているだけで行動に起こさなかったら、神様に対しても意思が伝わらないじゃない」

「そうだね、何もしなければ祈りにもならないってわけだ」

これはさっきの「わかりやすい行動が祈りの強さに繋がる」という話とも一致する。

「試してみたらいいかもと思うことを知ったら、とにかく実際にやってみる。その行動力こそが、幸運な人生を切り拓く原動力になるのだよ」

ガガの言葉に僕たちは頷いた。

「じゃあ『行きたい！』って出雲まで来ちゃった私たちって、行動力あるわけね。まさに知行合一！」

「そう思うよ。特にキミは飛行機が大の苦手なのに、それを我慢してでも島根にやってきたわけだしね」

「そうよ。そもそも、あのデカい鉄の塊《かたまり》が飛ぶこと自体、信じられないんだからさ。だから、私は飛行機に乗っている間は、何も感じないように石化《せきか》するのよ」

たしかに、ワカは飛行機に乗るとジッと固まって動かなくなる。なるほど、あれは石化していたわけだ。面白い。

やりたいことのために、乗り越える試練もあるということだろう。

成長し続ける人、何か必ずやる人は、
「行動力」が凄まじい！

なぜ日本には「八百万の神様」がいるのか？

宿泊するホテルがある出雲市駅前に戻ると、「せっかくだから出雲の街を歩こうよ」ということになった。

チェックインを済ませ、外に出る頃には日が傾き、夕暮れ時に差しかかっていた。

この時間帯を日本人は「たそかれどき」（誰そ彼時）とも言った。

相手の顔がハッキリと見えなくなる時間。世界の輪郭《りんかく》がぼやけ、人ならざるものに出会うかもしれない時間ということだ。

幻想的で温かな表現に、「日本語は美しいな」と感じる。

そして、この神話の国での「たそかれどき」には、どんなものに出会えるだろう？

というワクワク感が心の奥から湧き上がってきた。

スサノオ vs. 八岐大蛇

「あ、なんかあるよ」

そう言ってワカが駆け出した先には像が立っていた。

それは、スサノオが八岐大蛇《やまたのおろち》に対峙《たいじ》しているシーンのブロンズ像だった。

「あれ？　他にもある。これって出雲神話のブロンズ像じゃない？」

たしかに道を歩くと、出雲神話をモチーフにしたブロンズ像が並んでいた。

「スサノオの八岐大蛇退治」に始まり、「オオクニヌシと白兎《うさぎ》」に「オオクニヌシと鼠《ねずみ》」。そして「オオクニヌシが妻スセリビメと国造りに向かう様子」を描いた像が順に姿を現わした。

「ちょっと素敵じゃない？　なんか街の中に神様がいるみたい」

嬉しそうにワカが像を眺める。すると、ガガがそれに食い付いてきた。

「ナニ？　我は常に身近にいるではないか！」

「そりゃあ、ガガはいつも近くにいるけどさ。ウルサいくらいに」

さすが我が妻は、龍神相手にも歯に衣着《きぬき》せない。するとガガは、呆れたように息を一つ吐き、改まった口調で話し始めた。

「バカモン。我が言っているのは、日本では**身の回りのものすべてに神様が宿り、息づいている**ということだ。タカや、なぜ日本では**八百万の神様**と言うか、わかるだろ？」

「え？　あの、その」

突然の振りに答えあぐねていると、僕の目に店の前に貼《は》られたポスターの文字が飛び込んできた。そこには「だんだん星空コンサート」と書かれている。

たしか、「だんだん」って「ありがとう」って意味だった。

僕は以前、出雲の友人に教えてもらったのを思い出す。

「だんだん……ありがとう……、感謝……、神様……あ、わかりました！」

ピンと来た。

僕は顔を上げるとガガに向かって言う。

「日本では、すべてのことに感謝の気持ちを持ちました。そして、山の恵み、川の恵み、海や森に感謝し、時にはご縁や出産、漁業に農業のような人間の所業にさえも神様を見出し、その気持ちを捧げた。それが日本人です」

僕の言葉にガガが満足げに頷く。

「さよう。そうやって**身の回りのものすべてに感謝の気持ちを捧げたのだ。そして、その気持ちがすべてのものに神様を宿した**のさ」

ガガの言葉にふと、ある出来事を思い出した。

僕は昨年、新しい車を購入した。真っ赤なホンダのインサイトだ。車の納車は僕の誕生日、八月二十九日だった。

納車日を聞いた時は、偶然かな？　って思ったけど、後で聞いたら、お世話になっている営業さんが、僕の誕生日に間に合わせてくれたそうで、そういう心遣いが嬉しかった。

納車前日、僕はふと思い立って、それまで一緒にいろんなところに行った青いホンダのフィットシャトルと旅に出た。サラリーマン時代に通勤した会社のある町。神社へも行ってみた。様々な思い出が脳裏に蘇《よみがえ》ってきた。

すると彼、あえて「彼」という呼称で呼ばせてもらおうと思うけれど、彼に対して自然と感謝の気持ちが胸の奥に広がっていくのを感じたのだ。

ガガに導かれて最初に十和田《とわだ》神社（青森）を訪れたのも、九頭龍神《くずりゅうじん》にご挨拶をしに戸隠《とがくし》神社（長野）へ毎年参拝に行くのも、酔っぱらった友人たちをせっせと送り届けたのも、家族が入院した時に慌《あわ》てて病院に駆け付けたのも、この車と一緒だった。

嬉しい時も悲しい時も、いつも僕たちのそばにいた。

「ああ、彼とはたくさんの思い出をつくれたなあ」

そんなことを思い、帰りに洗車場へ寄った僕は、一生懸命に彼を洗った。ゴシゴシ、ワシャワシャと磨いてピカピカにした。

これまでの感謝をいっぱい込めて。

それを思い返した時に、かつての自分の姿がフィードバックしてきた。

僕は、それまで車の買い替えの時にこんなこと（車の洗車）をしたことはなかった。学生時代、会社員時代も含めて、何度も引っ越ししたけれど、退去時に部屋をきれいに掃除したことすらもなかったのだ。

「どうせクリーニングが入るんだから、部屋の掃除とか、する必要ないでしょ」という感覚で、お世話になった車や部屋に対する感謝の気持ちがなかったのだ。かつての僕……、なんとまあ恥ずかしいヤツだったんだろう。面目ないとしか言えない。


ちなみに、妻ワカは昔から大事なものに名前を付ける癖があった。

自転車は「パラララン号」。ノートパソコンは「ヘイハチ」。デスクトップは「もりこ」。冷蔵庫は「れいこ」。電子レンジは「ちん……」。

まあ、名前のセンスはおいておこう。

だけど、こうやって**名前を付けるだけで愛着が湧く**のも事実なのだ。

実際に、龍神様に「ガガ」という名前を付けちゃったのも、その延長かも。人と同じように接することで、自然と感謝の気持ちも湧いてくるから不思議である。

そうやって物に名前を付けたり、話しかけてみたりするのも、感謝の気持ちを育《はぐく》むコツかもしれない。

僕がそんなことを思っていると、

「ところで電子レンジは何という名前なのかね？」

横からガガが、僕の心を読んだのか聞いてきた。

「え、やっぱ気になります？」

そう言って僕は答える。

「ちんぺいですよ」

身の回りのものすべてに「感謝の気持ち」を捧げて生きてみる

「悪意」なんてパッパと捨てて即刻開運すべし!!

「僕も昔に比べたら、ちゃんと周りに感謝の気持ちを持てるようになったかな」

僕は歩きながら呟いた。ふと疑問が浮かぶ。

「ガガさん。感謝が大事なのはわかりますが、人間、生きていると嫌なこともあります。誰でも心にやましい思いが生じることもあると思いますが……」

少なくとも僕は生じる時がある。

人間だもの、仕方がないじゃないか。

「やっぱり悪意って、持っちゃいけないんでしょうか？」

「はて、タカや？　おまえ、誰か悪意を持つような相手がいるのかね？　まさか我ではあるまいな」

ガガがニタリと意味深な笑みを浮かべる。

「ち、違いますっ。一般論ですよ、一般論」

僕は慌てて否定する。とはいえ、誰しも〝悪魔のささやき〟に負けそうになることがあるのではないか。

「悪意が出てくるのは人の性《さが》だろうが、持っていて得なことなど一つもないがね。**悪意など邪魔なだけだから、パッパと捨てたものが勝ちさ**」

偉大なる龍神は、そう言い放った。

「この世の中には一つの法則がある。それを我々は『**世の中の法則**』と呼んでいるが、**周りにしたことが、そのうち自分に返ってくる**ということだよ。よいことでも、悪いことでも。どんなことでも必ずだがね」

「相手を喜ばせれば喜びが、嫌な思いをさせれば嫌な思いが返ってくる。そういうことでしょうか？」

僕が頭の中で整理しながら言うと、ガガは「うむ」と顎を引いた。

「しかもそれが、いつどこから返ってくるかはわからん」

「ははあ。その思いをさせた相手から返ってくるとは限らないということですね」

「さよう。そしてそれを踏まえて、おまえが悪意で相手を陥《おとしい》れようとした姿を想像してみたまえ」

悪意を持って相手を陥れる。その心の奥底にはどす黒い憎しみや悲しみが渦巻き、それを相手にぶつけようとする。「世の中の法則」でそれが自分にも返ってくるとしたら……。

僕はブルっと身を震わせる。

「冷静に考えれば、めっちゃ恐ろしいですよね。ああ、嫌だ嫌だ」

「だろう？　しかも念というものは連鎖するからな。憎しみが憎しみを呼び、結果的に自分を傷つける。そんなバカバカしいことをわざわざするのかね？　くだらん」

しかもガガによれば、**最も愚かな行為は復讐《ふくしゅう》**だという。

復讐は、仮に成功したとしても気が晴れるのは、その一瞬だけ。結局はその行為によって、「自分がされた嫌なこと」の記憶を補強することにしかならない。

いつまでも嫌な出来事が心から離れず、自分が苦しむだけなのだ。そんなことのために労力を使い、自分を苦しめるのはバカバカしいこと極まりない。

僕たちが納得していると、

「しかし黒龍は酷《ひど》いのだよ！」

と、ガガが急に叫び出した。どうした、どうした？

「我が戻ってこないからと、オオクニヌシ様への挨拶を黒龍が済ませてしまったのだよ。せっかく偉大な神様に面会するチャンスだったのに、ヤツめ、抜け駆けしおったがね！」

いや、それは黒龍さんに並ばせて、忘れちゃったガガさんの責任じゃあ……？

黒龍さんに悪意を持ったりしないでくださいね。

「周りにしたこと」は、よいことも悪いことも自分に返ってくる

「笑い」がすべての活路を開く。心に笑いを咲かせよう

翌日、僕たちは出雲縁結び空港へ向かう途中、**万九《まんく》千《せん》神社**へ立ち寄ることにした。万九千神社（万九千社《まくせのやしろ》）は、旧暦十月に全国から出雲に集まった神様が最後に酒を酌《く》み交わす宴《うたげ》（直会《なおらい》）を催す神社である。

「今年もいい一週間だったな。また来年会おうぞ！」

と、全国の神様がワイワイと盛り上がっている様《さま》を思い浮かべる。神様の酒宴の神社までちゃんと用意しちゃうとは、日本人の敬いの心というのは素晴らしいな、と思う。

「あ、この神様の姿、いいわね」

ワカが指差す方向に目をやると、拝殿の脇にある大きな絵馬に、神様たちが顔を赤らめながら笑顔で語り合っている姿が描かれている。

万九千神社の拝殿の脇にある大きな絵馬

鳥居の上にちょこんと座る小さな神様はスクナビコナだろうか？　オオクニヌシを助けた神様だ。

「こうやって楽しそうに笑っている姿って、いいよね。僕たちまで楽しくなるよ」

「タカさんもそう思いますか？　まさにその**笑顔こそがすべて**なのですよ」

礼儀正しい口調が境内に響く。

おっと、この語り口は……。

「黒龍さん、おはようございます。昨日はオオクニヌシ様へのご挨拶もして頂いたようで、ありがとうございます」

昨日の悔しがるガガを思い出しつつ、僕はペコリと頭を下げる。

「とんでもないです。私も直《じか》にお会いする機会ができ、大変光栄でした」

そう言って笑顔を見せる。

「ところで今言った、『笑顔こそがすべて』とは、どういうことでしょう?」

「はい。まず日本の神様は笑いを好みます。どんな厳しい状況になったとしても、その**状況を打破してくれるものこそ、『笑いの力』**なのだと知っているからです」

たしかに、天岩戸《あまのいわと》神話でアマテラスを岩戸から誘い出したのは、神々の笑い声だった。酒を飲み、美しい女神の舞を観ながら「わっはっは」と神々が笑い出した瞬間、アマテラスの太陽の光が戻ったのだ。

しかも日本の神様の世界では随所に「笑わせよう」という場面が登場する。

『播磨国風土記《はりまのくにふどき》』では、オオクニヌシとスクナビコナが、「遠くまで行くのに、重い粘土を担《かつ》ぐのと大便を我慢するのと、どちらが大変か勝負しよう」と実際に競争する場面が描かれている。

なんとまあ、バカバカしいやり取りだろうか。

しかし、こういうエピソードこそが面白いのだ。親近感を抱かせるのである。

僕たち人間までもが、クスリと笑ってしまうようなネタを織り込んでいるところが、**「大いに笑いなさい。その笑いこそが自分自身を幸せにするのだから」**と語りかけているような気にさえなってくる。

「今では科学的にも笑いの力が証明されていますが、日本人は昔から笑いには気持ちを回復させ、物事を好転させる力があることを知っていたのです」

たしかに僕たちは笑うだけで元気になるし、嫌な気分も吹っ飛ぶことが多い。医学的に免疫力《めんえきりょく》が上がることも証明されている。しかも物事まで好転できるとしたら、こんなに安上がりな開運法があるだろうか。素晴らしい。

「笑いは、いいことずくめなのね」

ワカが笑顔で言った。

するとそこへ、

「タカや、見つからんのだよ！」

ガガが会話に飛び込んできた。そういえば、なんか静かだと思ったが、どこへ行っていたのか？

「見つからないって、何が見つからないんですか？」

「チャワンムシなのだ」

「チャワンムシ？」

「昨日、おまえらが言っていたではないか。チャワンムシがウマいと」

そういえば、昨日の夕食に茶碗《ちゃわん》蒸しが出てきたのを思い出した。お寿司屋さんで食べる茶碗蒸しは、なんであんなに美味しいのだろう。

「チャワンムシって、あれだろ？　茶碗に手足や羽が生《は》えてるのだろ？　可愛いではないか！　我はチャワンムシに会ってみたいのだ！」

ガガの想像、茶碗虫……マジか。

「ガガさん、それは誤解です。茶碗に手足は生えません。そんな虫がいたら、即、昆虫学会で発表できますよ。でも、すごい想像力ですね！」と、僕。

「あはは、やっぱりガガは楽しいわ」

「さすがガガさん、笑いを演出されるとはさすがです。私も見習わねば」

僕たちが矢継ぎ早にガガに対する賛辞を口にする。

しかし、

「おまえら何を言っているのかね？　意味がわからんのだ。我は真剣なのだよ。おーい、チャワンムシャー？　どこにいるがねー？」

どうやら本気らしく、ガガは再びチャワンムシ捜索《そうさく》に出かけていった。

ここまで書いて思ったが、日本の神様は本当に魅力的だ。

知れば知るほど好きになるし、また自分の人生にいい影響を与えてくれる気がする。多くの人がこれを理解して運がよくなってくれたら、きっと「世の中の法則」で僕たちにもよいことが起こるに違いない。ふふふ。

「タカや。おまえ、またよからぬことを考えているだろ？」

ガガが僕の心を見透かすように言ってきた。

「い、いやいや。読者の皆さんのためですってば」

「まあよい。おまえが書かねば我の開運本は出来上がらんからな。では帰ったら、**日本人にとっての幸運の言霊《ことだま》『やまとことば』**についても教えてやるがね」

「ありがとうございます」

僕は頭を下げた。

日本人が古《いにしえ》から使用していた「やまとことば」。

そこにはどんな秘密が隠されているのだろうか？

興味深い話が聞けそうだ。楽しみである。

「わっはっは」と笑った瞬間、心に光が射し込んでくる！

2章

「やまとことば」で運気をグイッと上げる

……たった「一言」の違いが、運を左右！

シトシト、ザーザー、しんしん――龍神とつながる感性とは？

「ん？　雨かな？」

ふと、ワカがベランダの方に目を向けて呟いた。

「ホントだ。結構ザーザー降ってきたね。洗濯物、取り込んでおこう」

僕は急いでベランダから洗濯物を取り込んだ。

しかし、気分雨だったのか、大量の洗濯物を移動し終える頃には、だいぶ、雨足が弱まっていた！（うう、マジか）

「あらま、取り込んだ途端《とたん》にシトシト降りになってきたわね」

ワカが窓の外を眺める。

すると、その様子にガガが興味深そうに笑みを浮かべた。

「ほう、なかなか面白いではないか。ザーザーとか、シトシトとか。そんな言葉で雨の降り方を表現するとは、実に興味深いがね」

「え、そうですかね？　普通のことだと思いますけど」

だって日本人なら子供でもそう表現するだろう。それのどこが興味深いというのか？

「ふん。物書きのくせに情緒のない男だな、つまらん！」

「す、すみません」

「まあよいがね。それにしても、おまえたちはまだ、『やまとことば』のすごさをわかっておらんようだな。実はこの感性こそが、我々龍神と日本人が繋がれる所以《ゆえん》なのだよ」

シトシト、ザーザー。

これを聞けば、日本人ならみんな「雨」を連想するのではないだろうか。

では、「しんしんと降る」ならどうだろう？　おそらく「雪」を思い浮かべると思う。でも、実際に雪が降っても「しんしん」という音はしない。

実はこれこそが、**日本人の感性の表われ**だという。

そしてガガが言うには、鳥の声、川のせせらぎ、そういう自然の音を表現できるのは日本人だけなのだそうだ。日本人は耳から入ってくるそうした「音」を、すべてそのまま言葉で表現しようとした。それが「やまとことば」なのである。

実はその特徴は擬音に表われていて、「ザーザー」といえば、激しく降る雨の音。「シトシト」といえば、静かに降る雨。「しんしん」なら静かに降る雪。

他にも、「コトコト」「スタスタ」「さらさら」「ふわふわ」という具合に、日本人はすべての音を表現しようとした。ここで興味深いのは、「音として聞こえないもの」まで表現しようとしたこと。

これこそが「見えないもの」にまで神様を見出せる日本人の感性といっていいかもしれない。

ちなみに、自然の音は外国人には「雑音（ノイズ）」、としか認識できないらしい。

川のせせらぎや、秋に聞こえてくる「リン　リン　リン　リーン」という鈴虫の鳴き声ですらも、ノイズになってしまうという。

通常、人間の脳は、
右脳＝音楽脳（音楽や機械音、雑音を処理）
左脳＝言語脳（言語を処理）
とそれぞれ役割を担っている。

では、自然の音（虫の鳴き声、川のせせらぎ）はどちらで処理されるのか。
東京医科歯科大学の角田《つのだ》忠信《ただのぶ》名誉教授の研究によれば、
日本人は「左脳（言語脳）で処理」
外国人は「右脳（音楽脳）で処理」
することがわかっている。
なんと、処理する脳が違っているのである！

ちなみにこの違いは、民族性や血筋ではなく、子供の頃に使っていた「言語」からくるというから、ますます驚きだ。
外国人でも幼少期に日本語を母語として育った人は、自然の音を「言語」として認識する感性が生まれる。

逆に、日本人でも子供の頃に外国語で育った人は、「雑音」として認識してしまうわけだ。

これが、「やまとことば」を源流とする日本語の持つ力といえるだろう。

自然と共に生き、一体化する日本人の感性が龍神様に好かれるのは当然だと思う。

「へえー、それは知らなかったです。『やまとことば』にそんな秘密があったなんて……」

本当に日本という国は奥深い。

自然の音を「言語」として認識する「やまとことば」の奥深さ

神様の「名前に秘められた暗号」を解け！

そこまで聞いて、僕の脳裏に一つの疑問が浮かんだ。

「やまとことば」は、自然の知恵そのもの。ならば先ほど「アマテラス」という神様のお名前が出たように、神様の名前にもそんな意味が込められているのだろうか？

僕はそれを率直にガガにぶつけてみた。すると、

「答えはイエスさ。それこそ、やまとことばの原点に由来するがね」

「やまとことばの原点？」

「まったく。世話の焼けるヤツだがね」

と説明を始める。面目ございません……。

「本来、やまとことばでは、発する音そのもので、それがどのようなものかを表現し

ようとしたのだ」

「ええ、一音一音に意味があるからこそ、この世界のすべてを音で表現しようとしたわけですね」

僕が言うとガガは頷き、質問を投げかけてきた。

「例えば、この日本だ。この国は、かつて何と呼ばれていたかね？」

僕は『古事記《こじき》』や『日本書紀』の記述を思い出してみた。

昔々、この国は「豊葦原瑞穂国《とよあしはらのみずほのくに》」と呼ばれていた。ガガの言う通り、「アシが豊かに茂って、お米がよくできる国」と、国の様子を表現していたわけである。

「なるほど！　じゃあ神様の名前も単なる名称ではなく、その神様そのまんまというか、どんな神様なのかを表現しているわけですね」

例えば、出雲大社の神様であるオオクニヌシ。

彼は、大国主神《おおくにぬしのかみ》、大穴牟遅神《おおなむちのかみ》、葦原色許男神《あしはらしこおのかみ》、八千矛神《やちほこのかみ》と、次々と名前が変わった神様である。

大国主神とは、大国を治める王という意味だし、大穴牟遅神とは、大名持《おおなもち》とも言い、多くの功績を持つことを表わしている。また、葦原色許男神は、「葦原中国」という地上世界を治める強い神様を表わしているし、八千矛神は「多くの武器を持つ神様」という武威《ぶい》を強調した名前だ。

「その時の神様の様子を表現するわけだから、成長と共に名前が変わることもあるがね」

それを聞いて僕は思う。そういえば、昔は武士が元服と同時に名前を変えることが普通だったんだよな、と。徳川家康の幼名は竹千代だったし、ここ仙台の初代藩主である伊達政宗《だてまさむね》は梵天丸《ぼんてんまる》という幼名だった。

ちなみに僕は、はまちが好きなのだが、これも「いなだ」「はまち」「ぶり」と次々と名前を変える魚である。出世魚は縁起がいいと言われ、酒宴の席でよく出されることでも有名だ。

神様や人間に限らず、成長と共に名前が変わる身近な存在があるのも、やまとことばの精神の名残《なご》りかもしれない。

そんなことを考えていると、僕の中で一つの答えが出たような気がした。

「そうか。**多くのことを表現しようとするから、神様の名前は長い**のか」

「**天孫降臨で知られるニニギ**の本名は、妙に長いっていうわよね。なんだっけ？」

思い出そうとするワカだが、そう簡単にはいかないぞ。なんてったって、僕でさえ覚えていないんだから。

僕は資料を取り出して、読み上げた。

「えーっと……、天邇岐志国邇岐志天津日高日子番能邇邇芸命《あめにぎしくにくにぎしあまつひこひこほのににぎのみこと》」

「ホントに長っ！」

妻、仰《の》け反《ぞ》る。

「つまり、天が賑《にぎ》わい（天邇岐志）、国が賑わい（国邇岐志）、穂がニギニギ（賑々）しく稔《みの》る国（番能邇邇芸）へ降りた天津神《あまつかみ》の男神（天津日高日子）。という意味なんだね。うん、もれなく盛り込んである」

これをいちいち説明していたら、エライことである。

「……だから、僕はいつも『ニニギ』の通称で書かせてもらってるんだけどね。全部書いたら、読者の方も読むの大変でしょ？」

本心を言って、僕はペロリと舌を出した。

ちなみに神武《じんむ》天皇のお父さんは、鵜《う》の羽で屋根を葺《ふ》いた産屋《うぶや》をつくろうとしたけど葺き終えないうちに生まれた神様だ。そのお名前は、鵜葺草葺不合命《うがやふきあえずのみこと》。そのまま名前になっている。

そして、意味を聞かなければ情景の想像すらできない！　神様のお名前は、ちょっとしたミステリーだと思うのは、きっと僕だけではないだろう。

日本の神様のお名前は「ちょっとしたミステリー」!?

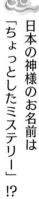

「どうせ、だって、でも」は禁句

ふと思った。

「ガガさん、一つ質問です。言葉に霊力が宿るということは、もしもネガティブな言葉を使ったら、そこにはネガティブな霊力が宿るんでしょうか？」

「ややや
っ！　さてはタカ、おまえ、心の中では悪態ばかりついておるな？」

ドキっ！

「い、いやいや、そんなことないです！　でも、そういう気持ちになることは誰にでもあるんじゃないかと……」

誤魔化《ごまか》すように言う僕。

「あ～、タカが言いたいことわかる。ってか、この世に悪いこと思わない人なんて、いるわけ？　そういう人の方が信用おけないわ、マジ」と、やはり歯に衣着せぬ妻。

するとガガは僕らを諭《さと》すように言った。

「まあ、おまえらの気持ちはわからんでもない。人間誰しも、多少嫌な気持ちになることはあるがね。そんな時は、ごく内輪で愚痴《ぐち》を言う程度ならいいだろう。よくない感情は、溜めるとやがて発酵《はっこう》して腐るからな。素直にネガティブな気持ちを出すことも必要さ」

ガガは一旦《いったん》、間を置くと、「ただし！」と続ける。

「その気持ちを引きずれば、日常で発する言葉もどんどんネガティブなものになってしまうさ。そうなってしまうと、同じ波長のネガティブ人間やネガティブ生活が引き寄せられてくる」

「うわ、それは嫌だ」

僕は顔をゆがめた。怖すぎる、ネガティブ人間&ネガティブ生活。

「先ほどの『やまとことば』を思い出してみるがね。**言葉の「こと」とは、「事」と**

同じだ。つまり、ネガティブな「言」を発すれば、ネガティブな「事」を引き寄せるのだよ」

「よき言葉はよい出来事を、悪い言葉は悪い出来事を、それぞれ招き寄せるということか……やっぱり、それが真理なんだなあ」

僕はそう言いながら、『古事記』のあるくだりを思い出していた。

天孫ニニギがこの地に天降《あまくだ》った時に最初に発した言葉である。

「此地《ここ》は、韓国《からくに》に向かひ、笠沙《かささ》の御前《みさき》を真来《まき》通《とお》りて、朝日の直刺《たださ》す国、夕日の日照《ひで》る国ぞ。故《かれ》、此地は、甚吉《いとよ》き地《ところ》」

つまり、ここは朝鮮に相対し、笠沙の岬をまっすぐ通ってきて、朝日が射し、夕日が照らす、とてもよい国である、ということだ。

初めて訪れた土地で、よい土地か悪い土地か、すぐにわかることはない。しかし最初によい言葉を発することで、その土地を素晴らしいものにする。そんな力がやまとことばには秘められている。それを神様も活用したわけだ。

「日本人は昔からよい言葉を使い、言霊の力をうまく活用してたってことですねえ。まるで言葉の魔法ですよ、すごいなあ」

僕は顎に手を当てて頷く。

「こればかりは自分で試して実感してみるしかないがね。**まずは三日間、よい言葉を使って生活してみたまえ。**よい効果が感じられるだろう」

「それ、いいですね。言葉や行動がきれいだと運も上がりそうです」僕はメモを取る。

「逆にネガティブな言葉ばかり使うと、あっという間に同じようなヤツが寄ってくるから注意するがね」

「類は友を呼ぶってやつね。そういう人たちが集まって、寄ってたかって人の悪口言うのよね。あー、やだやだ」

と、ワカが掌をヒラヒラさせる。ほんと、僕もやだやだ。

「そういうヤツらの口癖《くちぐせ》は『**どうせ**』『**だって**』『**でも**』なのだ。もし、そんな口癖のヤツが近くにいたら、パッパと距離を置きたまえ。そういう言葉は、最終的に自分を蝕《むしば》んでいくだけなのだよ」

「自分で自分を攻撃しているわけか。気を付けよう」

ネガティブな言葉を発すれば、その分、同じネガティブな出来事を受け取る力を強めるだけ。自ら不幸を招くようなことをしては、たまらない。

まずは三日間、「よい言葉」「きれいな言葉」を使ってみる

他人に発している言葉は自分に返ってくる。だから――

「じゃ、なるべくポジティブな言葉を使って生活していけばいいんですね。たしかにガミガミ小言が多い人よりも、優しい言葉を話す人の方が人気ありますもんね」

何気なく言った僕の一言に、なぜかガガが反応した。

「なに？　それは我への皮肉かね？　ガーガーうるさい我は、紳士的な黒龍よりも人気がないというのか？」

ガガ、ご立腹。ってか、この龍神、自覚があるらしい。

「もうガガったら、そんなわけないじゃないの。ガガの人気が一番よ、たしかにガーガーうるさいけど」

ワカがガガをなだめるように言う。しかし、もちろん本音も言う。

「ふん。まあ、いいがね。我の心は広いからな。滅多なことでは怒らんのだ！」

「今、怒ってたけど」とは、口には出さないでおく。

「ありがとね、ガガ。ガガがいつも笑わせてくれるから、私たちは楽しく本をつくって読者の皆さんに届けられるのよ」

ワカが言った。すると、

「ほう、素直ではないか。ちなみに、**日本人にとって最強の言葉が『ありがとう』**なのだよ」

「ありがとう、がですか？」

「さよう。先ほど我がネガティブな言葉を吐くヤツとは距離を置けと言ったが、誰に対して発した言葉であれ、汚い言葉を耳にして気持ちのいいヤツはいない」

たしかに……と僕はそんな場面を想像してみる。「バカだ」「ダメだ」「ムカつく」だの、ネガティブな言葉はやっぱり嫌だ。

「自分が発した言葉でも他人が発した言葉でも、耳に入ればそれが潜在意識にも刷り込まれていく」

「そ……それは恐ろしい」

僕はネガティブな言葉が心の中に積み重なっていく様子を思い浮かべて、ブルっと体を震わせる。そんな人が周りにいたら、すぐにそこを脱出しよう、と密《ひそ》かに決断を下す。

「しかし、先にも言ったように、逆ならどうかね？」

「逆？　えっと、ポジティブな言葉を聞いたり使ったりした場合ということですね」

僕は想像を膨らませる。

「すごいね」「素晴らしい」「きれいだね」。

そんな言葉を聞いたり、発したりするたびに、その言葉は自分の耳にも心にも刷り込まれていく。そして、脳はいつしかそれが自分に向けられているように認識し始める。

そんな心地いい空気を吸い込むように、僕は大きく深呼吸をする。すると不思議なことに、清らかで優しい何かが、心の中に広がっていくのを感じた。

「**他人に発している言葉が、いつしか自分に向けられるようになる**んですね」

僕の回答にガガは満足げな笑みを浮かべた。

「そうなのだよ。そして、その中でも最強の言葉が『ありがとう』なのさ」

実際、ポジティブな言葉を使うことで「人生が好転した」と喜んでくれた友人がいる。夫は仕事ばかりで子供は言うことを聞いてくれないと悩み、SNSでの友人たちのキラキラ投稿を見ては「どうせ私の人生なんて」と、ため息を吐《つ》いていたそうだ。

そんな時、相談を受けた僕らがガガに聞いてみると、この「ありがとう」の話が出た。そこで、腹をくくって一カ月間、どんな時でも使うように心がけたところ、様々なところで変化が現われたという。

夫は最初「何言ってんだよ、気持ち悪いな」と戸惑っていたようだが、数日経《た》つ頃にはどことなく嬉しそうに顔を緩《ゆる》め、子供たちも次第に話を聞いてくれるように変化した。

そして、いつしか夫や子供たちも、自分へ向けて「ありがとう」と言ってくれるようになった。気付けば家族の笑顔が増えたと喜んでいる。

それを聞いた時、僕はとても嬉しかった。僕たちの方こそ、実践してくれてありがとうと思った。

「人はよく『感謝しましょう』とか言うけど、先に『ありがとう』を伝えることも大事なのね。言えば、自然と感謝の気持ちが芽生えると思うわ」

ワカの言葉にガガが目を細めた。

「**感謝とは、するものではなく自然と湧き上がってくるもの**なのさ。『ありがとう』の言葉がそれに気付かせてくれた。ただ、それだけなのだよ」

あなたの「ありがとう」という言葉を一番多く耳にするのは誰だろうか？

それは他ならぬ、あなた自身。

日々、「ありがとう」という言葉をかければ、自分の心も癒されていく。

そんな話を聞いてくれたあなたにも「ありがとう」。

「ありがとう」と周りに声をかけると自分自身も癒されていく

お礼を言う感覚で「すみません」と言うよりも……

「これはいい話だ。よし、僕ももっと、ありがとうと言おう！」

僕が叫ぶと、ガガがギロリと目線を向けてきた。

「おまえはその前にやるべきことがあるのだよ！　まったくタカは相変わらずバカでダメダメだがね」

と、ブワーっと大きな息を吐いた。

いやいや、バカでダメダメって。ネガティブな言葉を吐かないでくださいよ、と僕は苦笑する。まったく困った龍神様である。

「で、ガガ。タカが直すところって？」

ワカが話を前に進めた。

「そうだがね、忘れていたのだ。タカや、おまえ、街でハンカチ落としただろ」

「あ、見てましたか。はい、ポケットの中の物を出し入れした時に落としちゃって……さすがガガさん、よくご存じで」

僕はポリポリと頭を掻《か》いた。さすが龍神様はお見通しというわけだ。

「親切な婆《ばあ》さんが気付いて拾ってくれたわけだが、おまえ、その時なんと言ったかね？」

はて？　僕は首をひねって昨日の出来事を思い出す。たしか……。

「『あ、すみません』……と、言いましたが」

「ほーらみろ！　基本ができていないがね！　まったく、もったいないのだ」

「だ、だって落としたものを拾ってもらったんですから、悪いなと思うじゃないですか」

僕、反抗。

「ふん、そんなの言い訳だがね。その時に返す一言を変えるだけで、人生が好転するというのに、ああ、もったいないない」

「え、そうなんですか？」

一体どんな言葉に変えれば人生が好転するのか？　僕は目線を上に上げて思考を巡らした。

「一体、我の話をちゃんと聞いているのかね？　これまで何度も言ってきたではないか。その**『すみません』を『ありがとう』に変える**のだよ」

「なるほど……」

シンプルすぎて、思いつかなかった。


「さよう。日本人は何かをしてもらった時に、うっかり『すみません』と言いがちだ。物を拾ってもらったら『すみません』。手伝ってもらったら『すみません』とな」

「言われてみれば、そうかもね。お礼を言っている感覚で無意識に出ちゃうかも」

ワカが、うーんと腕を組んだ。なるほど、僕もそういう感覚で「すみません」を使ってしまう。

「だが、すみませんと言われると、何か申し訳ない気持ちになるのが人間だがね」

「ええ、たしかに。余計なことしちゃったかな？　と思う時があります」

僕にも覚えがある。せっかく手伝ったけど、悪かったかな？　お節介《せっかい》だったかなと……。

「そんな時は、『ありがとう』と言うがね。それだけで自分の周りで何かがよい方に変わるのが、わかるはずだがね」

ガガに言われて僕は早速、それを実践してみた。

手伝ってもらったら、「手伝ってくれてありがとう」。

物を拾ってもらったら、「拾ってくれてありがとう」。

そうしたら、不思議なことが起き始めたのだ。

僕に「ありがとう」と言ってくれる人が、たちどころに増えたのである。

「そうか！　新たに『ありがとう』と言うだけでなく、これまで発していた言葉を『ありがとう』に変換すればいいってことですね」

人の言葉は「言霊」。

嬉しい気持ちになる言葉は、言霊となって伝染する。

そうやって自分の周りに伝染し、周囲を「ありがとう」で包んでいく。

「すみません」から「ありがとう」へ。

たったそれだけで、自分の周囲が明るくなり、自分も楽しい気持ちになる。これは僕自身が実感しているから断言する。

ぜひとも、この「ありがとう」を皆さんにも実践してみてほしい。きっと何かが変わるから。

「ふん。我のありがたい教えを、タコの言葉で締《し》めるんじゃないがね」

「わ、わかってますよ。それに僕はタコじゃなくて、タカです！」

まったくもう～。

「嬉しい気持ちになる言葉」は、言霊となって伝染していく

会話で大切なのは「相手を受け入れる」こと

それにしたって、ガガとの会話はいつもどこかで笑える。なんだかんだハードなことがあっても、最後は結局笑えてしまうというか、丸く収まるのである。

でもこれって、どうしてだろう?

いろいろと言い合っているはずなのに、嫌な思いが残らないという謎《なぞ》。

ただポジティブな言葉を交わしているだけでは成り立たないコツが、どこかに隠されているのだろうか。

「あの、ガガさん。僕らって、これまでいろいろあっても、うまくやってきたじゃないですか」

「当然だがね！　そしてそのために大事なのが……」

「わかってますってば。**ポジティブな言葉を発する**ということですよね」

ガガが言い終えないうちに僕は続けた。そのくらいは僕だってわかるのだ。

するとガガは、頬杖《ほおづえ》を突くように掌に顎を乗せ、ため息を一つ吐いた。

「あーあ、タカはそれがイカンのだよ」

そして、まさかのお叱りの言葉。え、なんで、どうして？

「自分の行動をよく思い出すがね。タカや、おまえはいつも人の話を最後まで聞かんがね」

「あ……」

「**会話で大切なのは、『相手を受け入れる』ということ**だがね。そのために、まず相手の話をきちんと最後まで聞く。そこで初めて相手の気持ちや考え方がわかるのだよ」

「そりゃ最後まで聞いてもらえれば、相手だって嬉しいわよね」

タカはいつも最後まで聞いてくれないから、とワカが厳しい視線を投げてくる。ご、ごめんなさい。

「たとえ自分と違う意見であったとしても、まずは話を最後まで聞くことで、信頼されるがね。すると相手もこちらの話を聞いてくれるようになるのだよ」

ガガの言葉を胸に刻むように聞く。そりゃ耳に痛いけれど、なるほど、僕に足りなかったのは、この姿勢なのか、と思う。

「**自分のことをわかってほしい、という気持ちが先走るのが人間という生き物**だ。だが、最も大事なのは**相手を知る**ことなのだよ」

そう言うと、ガガはゆっくりとこちらに視線を向けた。

「タカや、おまえは『古事記』を勉強しているから、わかるだろう。一つ問うが、よいかね？」

「はい」と、僕は頷いた。

「日本の神様が物事を決める時、どうやって決めているかね？」

ガガの言葉に僕は『古事記』の物語を思い返す。

神様はいつも合議制で物事を決めた。そもそも僕らの国、日本には「独裁」という言葉すらなかったのである。

最高神アマテラスが岩戸にお隠れになった時でさえ、神様がみんなで集まって意見を出し合っているほどだ。そのアマテラスでさえ、大事なことはみんなの意見を聞いてから決断を下している。

ちなみにアマテラスの血を引く天皇も同じで、長い歴史を振り返ってみても、大事なことはすべて専門家を集めて意見を聞いた上で、決断を下しているのだ。日本では神様も天皇も権威であって、権力ではない。

「それにな」ガガが言葉を継いだ。

「**話を最後まで聞ける人間は、信頼を得られる**。信頼がなければ、人生はなかなかうまくいかんだろう。聞くことは最大のコミュニケーションなのだよ。人の心は、そうして開かれていくものなのさ」

どんな話でも、まずはきちんと聞く。最後まで聞く。

この姿勢が人間関係を円滑にし、神様からも愛される第一歩ということだ。

なぜなら、神様がいくら応援しようと、アドバイスをくれる人と縁を繋いでも、「この人の話は、私の意見と違う」と拒絶してしまっては、神様だってそれ以上助けることはできないのだから。

そして気づいた。ガガはガーガーうるさいけど、いつも僕らの話を最後まで聞いてくれることに。

その後かなりの確率で反論されるが、それほど腹が立たないのは、結局僕らがガガを信頼しているからなのだと思う。

うん、ちょっとシャクだけど本心である。

「自分のことをわかってほしい!」と先走らないこと

「言葉」は心を温めもするし、冷たくもする

「まずは聞く。そして相手の言葉を受け入れたら、次は自分が言いたいことをガツンと言っていいわけですよね」

僕が確認するように言うと、ガガは指を「チッチッチ」とタクトのように振った。

「大事なのはここからだがね。日本人の言葉には言霊が宿ると言ったが、どんな言葉を発するかが大きなポイントとなる」

「具体的には?」

ここは詳しく聞きたいところだ。

「言葉はそれだけで相手を元気づけることもできれば、逆に傷つけることもあるがね。そして、その**言葉にエネルギーを与えるものこそ、発する者の心**なのだよ」

「**言葉を発する人の心が言葉に乗り移る**、と？」

ガガが「その通り」と大きく首を縦に振った。

「発する言葉は、そいつの心そのものでもある。だから、口癖にはその人間の心が現われていると言っていいがね」

日頃から「でも」「だって」が多い人とは距離を置けとガガが言った理由も、ここにある。この口癖の根底には、自分ができないことへの不満や他者への恨《うら》みや嫉妬《しっと》が込められているのだそうだ。

そんな言霊を毎日投げつけられていれば、自然と心が打撃を受けていくのは当然といえる。

「じゃあ、まずは心から変えていく必要があるということでしょうか？」

そういう言葉を発しないように、自分の心の持ち方を変える……。

うーん、これは難しそうだ。よほど困った顔をしていたのだろう。それを察したように「なにもそんなに難しく考える必要はないがね」と笑った。

「発する言葉を変えればいいのさ。最初は義理でも振りでも構わん。そもそも**言葉が**

変われば心も変わっていくのだ。とにかくいい言葉を使うよう、心がけたまえ。自然と心が変わっていくのが、わかるはずだがね」

よい言葉を使えばよい出来事を引き寄せるように、言葉一つがその人の心を癒す。よい言葉とは「感謝」「思いやり」「優しさ」から出る言葉だから、このような言葉を日頃から発していると、あなた自身の心も癒され、人生を明るいものに変えていくことができるのだ。

もし難しいなと感じたら「ありがとう」から始めてみるだけでいいと思う。だって**「ありがとう」は、よい言葉の王様**だから。

それに対して悪い言葉とは、「恨み」「嫉妬」から出る言葉だ。そんな言葉は周りの人のエネルギーを奪うだけでなく、自分自身の心さえも傷つけてしまう。批判や中傷の言葉があなたに幸せを運んできてくれることは、絶対にない。

「それからな、**悪い言葉が出そうになったら、とりあえずよい感じの言葉に変換**するのも手だがね」

「言い換える？」

「さよう。『アイツばかり、いい思いをしやがって』と感じたら『よし、こうなったらアイツよりもいい思いをしてやる、みてろよ』とか、「くそ、今日はなんて運が悪いんだ』と感じたら『きっと厄《やく》落としができてるな。その分、明日はいいことがあるに違いない』という感じで、とりあえず前向きな言葉に変換するのがコツだ」

「あはは！　とりあえず前向きっていう微妙さがいいわね。無理くりポジティブに変えると気持ち悪いもん、そんくらいがちょうどいいわ」

ワカが感心したように言うと、ズズッとコーヒーを啜《すす》る。あ、いつのまに自分だけ。僕も飲みたい。

「それにしても、言葉が人生に影響を与えるなんて驚きです」

「当然だがね。普段から使っている言葉が行動に影響を与え、そして人生にも反映されていく。だからこそ、日頃からよい言葉を意識して使うように心がけるがね」

「ってことは、それだけで大きく人生が好転することもありそうですね」

「ほう、タカにしてはよく理解できたではないか。少しは頭がよくなったのではないか？」

ガガが自分の頭を指差して言った。

「だって毎日ガガさんに……」

そう言って僕は「あわわ……」と手で口を塞《ふさ》いだ。

「でも」と「だって」は禁句にしよう。うん、それがいい。

言葉が変われば心も変わっていく――
だから、「言い方」にもこだわろう

「耳に痛い」と感じた時こそ成長するチャンス！

「そうやってガガが耳に痛いことを指摘してくれるから、タカも人生をやり直せたのよね」

ワカがコーヒーを差し出しながら言った。カップから立ち上る香ばしい香りが鼻孔《びこう》を撫《な》でる。

それにしても人生をやり直せたなんて大げさな。とは、思うけど……。

「まあ、たしかに。僕は昔、本当に可愛くない人間だったからね。こうじゃなきゃダメ、ああじゃなきゃ失敗って、すべてを型にはめて、全然素直じゃなかった」

僕は苦笑いを浮かべ、肩をすくめた。

自分のためだとわかってはいても、未熟なところを指摘されると反発したくなるのが人間だろう。

僕もかつては何かを言われるたびに「でも」「だって」と、言い訳を繰り返していた。

「そうなのだよ。タカはそうやって我をイジメたがね。『ガガの言うことはわからん』と言われたがね。『おまえ、本当に龍神か？　どっか行っちまえ、バーカ』と追い出されたのだよ。ううう、我は悲しい野良《のら》龍神になってしまったのだよ」

ちょっと待って、猫じゃないんですから！　それに僕は追い出したりしてませんっ！　そうやってすぐに僕を悪者にするんだから、もう。

僕が頬を膨らませて反論していると、

「んで、福岡のとあるバーに居候《いそうろう》したのよね？」

ワカがケラケラ笑った。そういえば、以前そんなことを言ってたな。

たしか、小さいインテリアの噴水に宿っていたとかなんとか。

「そうなのだ。その店は突然売り上げが上がって、驚いていたがね。まあ、我が居候したのだから当然だが、しかし博多弁はちっともわからんたい、悲しかねー」

「……」

まさかのガガの博多弁。この龍神、あなどれない。そして龍神様が居候するバー。うーん、神々しいんだか笑えるんだか、なんだかよくわからない。

「でもさ、人って未熟なところを突かれると素直に認めたくないものよね」

「うん。僕もそうだったからよくわかる」

僕は深く頷いた。言葉で言うほど簡単でないことは、よくわかっているつもりだ。

「ふん。**指摘されて頭にくる時は、本質を突かれているから**だがね」

「自分でも気付いているから余計認めたくない、と？」

「さよう。誰だって自分に足りんところ、悪いところに薄々気付いているもんさ。しかしそれを認めたくないから、気付かぬ振りをしているヤツが多いのだ」

「で、そこを指摘されると防御反応が出るわけか。怒るとか、反発して騒ぐとか」

ああ、僕もそうだったんだろうなと痛感した。

短気だ。気難しい。わかりづらい。面倒な人だ……。言われるたびに「なんだと！」と、否定しては怒っていた時代があった。

だけど、それを自分で必死に否定しては「自分は違う、そんなんじゃない」と言い聞かせていたような気がする。なるほど、それは結局、自分で認めていたってことか。

「だけどガガさんに出会って、コテンパンにやられて気が付きましたね。そして、素直に他人の指摘を聞き入れるようになったら、すっごい楽になったんですよね」

僕は実感していたことを率直に口にしてみた。

「そうね。ガガに言われたことに素直に従うようになってから、タカの表情が穏やかになったもん」

やっぱりワカもそう思ってたんだ。心の中で「ごめんね」と呟いた。

「**痛いところを突かれたと思ったら、一度落ち着いて自分の行動を振り返ってみると**いいがね。もし少しでも直すべきところがあったら、ラッキーではないか？　**成長する種を拾ったと**思いたまえ」

「はい。だから、今の僕にとっては、耳に痛いことを言ってくれる人ほど、ありがたいと思っています」

そう言って、僕は姿勢を正して胸を張る。改めてガガに向かって「ありがとうございます」と頭を下げた。

「あ、でもガガ、勘違いしないでね。ガガの言うこと、わかりづらいのは事実だから」

ワカがからかうように言うと、

「なに？　我の言うことはわかりづらくないがね！　そうやって二人で我をイジメるのだ。龍神虐待なのだよ！」

そんな人聞きの悪い。

それにガガさん、腹が立つのは「本質を見抜かれた」と自分で認めている証拠ですよ、ねえ？

痛いところを突かれたら「ラッキー！　成長する種を拾えた」と思おう

3章

神様に愛される行動、教えます

……「気付いたら運がよくなっている」人になろう

「みそぎ」で開運！部屋の掃除で神様をおもてなし

ガー。ゴー。

それは勢いよく僕たちの生活の埃《ほこり》を吸い込んでくれる。嫌な顔一つせずに。

ある昼下がり。僕は掃除機を稼働させ、掃除をしている。仕事を始めようとした時に、リビングのちょっとした埃が気になったのだ。一度気になると、そこもかしこも気になってくるのが僕の悪い癖。

ドスンバタン。僕はソファやデスクを避けて、隅《すみ》まで掃除機をかける。

「むにゃむにゃ……」

目をこすりながらワカが起きてきた。

「あ、おはよう。ゴメン、起こしちゃった？」

僕は汗をぬぐい、掃除機を止めた。

「タカや、そういう心がけは実にいいがね！　それに、こいつの場合は、おはようじゃないがね、おそようなのだ」

「悪かったわね、寝《ね》坊《ぼ》助《すけ》で」

カスカス声の妻は、冷蔵庫からミネラルウォーターを取り出す。そう、妻は朝、起きない。よって、午前中は僕が家中を自由に使える時間なのだ！

「そういう心がけって、どのことですかね？　掃除をすること？　妻を起こすこと？」

「バカモン、**掃除をすること**に決まってるではないか」

水を飲みながら、ワカがガガの言葉を仲介する。

「だからこそ、こういう教育は大切なのだ。正しいことを教えるのはよいことなのだよ」

「きょ、教育……ですか？　学校で教えるみたいな？」

ガガの口から教育なんて言葉が出るとは思わなかった。いつもは「○○しなさい」

というような固定概念を押し付けるようなことは言わないから。

するとガガは呆れた声で、

「おまえ、それは学業の話だろ。我が言う教育とは、人生における教育さ。例えば**清潔観念を植え付ける**のも、その一つだがね」

「あー、だから掃除か」

ワカが声を上げた。

「**清潔である、清くある。そういうことは親が教えてやるしかない**のだよ。おまえらも神社に行くと、御手水舎《おちょうずや》でみそぎをするだろ？」

「しますね。手や口をすすぐだけで、なんだか清くなった気持ちになります」

僕はハイハイと頷いた。現代では手を洗う仕草だけでも、心から迷いが消えるという結果が心理学でも証明されている。

「人間は**手を洗ったり、掃除をしたりすることで、身も心も清らかに変わった気持ちになる**のだ。すると自然に『**人生が清潔になっていく**』のさ」

「へえー。んじゃ、不潔なところに慣れちゃうと、不快な人生になるってこと？」と、眉《まゆ》をひそめて妻が聞く。

「その通りだ。不潔で不快な状態で平気というのは、すでに五感が鈍っているのだよ。つまり、不快な人生を送っても特段何も感じず、それどころかどんどん落ちてゆくがね」

「そりゃ、嫌だ」

僕は思わず顔をしかめる。

「それにだ。**よい人生を送りたければ、よい運気を入れるスペースを確保する**ことが大事なのだよ」

僕はなるほど、と頷きながら思考を巡らせた。

運気を上げたいと、幸運グッズを集めている知人の部屋を思い浮かべた。水晶にパワーストーン、招き猫の置き物に金運を呼ぶ絵などが所狭しと飾ってあった。雑然とした部屋はお世辞にも清潔とは言えず、こりゃ、どんな幸運も思わずUターンして帰ってしまいそうだ、と思った。

「幸運グッズを集めるよりも、まず部屋をきれいにしないとダメですね。幸運を運んでくれる神様が、汚部屋《おべや》に来るなんてあり得ませんものね」

「当然だがね。**神様は、ばっちい空間が嫌い**なのだよ。それに考えてもみたまえ。正月を迎える準備は煤払《すすはら》いから始めるだろ」

たしかに十二月十三日からの「正月事始め」で最初にするのは煤払い、つまり掃除だ。元旦に年神様をお迎えするにあたり、神棚をはじめ家の中の煤を払い、汚れのないきれいな状態にすることから始める。

なるほど、昔の日本人は、それをちゃんとわかっていたのだな、と思う。

それに、これは僕たち人間も同じだろう。友人の部屋が汚かったら、なんか嫌である。「この人、本当はだらしない人なのかな」と思うし、いい印象はない。

それがもし、神様だと考えたら……。

「居心地のいい空間じゃないと、神様はいてくれないのね、納得」

ワカが理解したように頷いた。そして、

「そんなわけだから、タカ。引き続き、掃除をお願いね♪　あ、ついでに窓もきれいにしてほしい～」

ニカっと笑った。

「ハイハイ、わかりましたよ」

そう言うと僕は、再び掃除機のスイッチを入れた。

あ、窓拭き用のクリーナーが切れてたかも！　あちゃ～。

部屋をきれいにすると人生まで清潔になっていく

旬のものを食べる、料理する。それだけで運が開けるとしたら……

結局、僕は窓拭き用のクリーナーを近所のドラッグストアで買ってきた。なんせ、一度気になるとやらなきゃ済まない性分だから、やはり窓の汚れも気になってピカピカに磨いてしまった。

それに窓が汚れていると、外の光が入りにくく、見通しも悪くなってきて運が落ちるのだそうだ。実際、窓や鏡をピカピカにすると、早い時期に本当によいことが起こるから、この本を読んでいる読者にもぜひ試してほしい……と、いう、僕目線のアドバイスはおいておいて、話に戻るとする。

掃除を一段落させた僕がリビングで一休みしていると、再びガガが口を開いた。

「ほう。きれいになったがね！　開運のための第一段階クリアというところだな」

「第一段階？　ということは、開運アクションがまだまだあるんですね？」

さあ、掃除の次はなんだ？　僕は期待を込めた。

「開運に向かう煤払いも無事終えた。では、**神様が幸運を授けてくれる行動**について少し教えてやるがね」

「お願いします！」

「よろしく、ガガ」

僕とワカは頭を下げた。

下手《したて》に出た僕らに気をよくしたのか、ガガはエッヘンと大きく咳《せき》ばらいをして、続けた。

「まず、おまえらに問おう。人間の体を維持する上で大切なことは何かね？」

「体の維持……ですか？　そりゃ適度な運動とか栄養管理とかいろいろありますけど、一番は食べることかと。エネルギーになるものがなければ動けませんから」

車も電車も、飛行機だって燃料がなければ動かない。やっぱり燃料となる食べ物が大切なんじゃないかと思った。

「正解だ。ならば、どんな食べ物を食うのがよいか？　大切なのはそこさ」

「栄養のバランスを考えるとか？」

ワカが、意味がわからず聞き返す。

「我はそんな面倒なことは言わんがね。そもそも、栄養管理の指導を我に求めるのかね？」

ガガの言葉に思わず噴き出す。たしかにガガに栄養学を学ぼうとは思わない。というか、そんなの絶対に無理だ。

「**大切なのは**『**旬**《しゅん》**のもの**』**を食べること**だがね」

「旬のもの？」

「さよう。タカや、『旬』とはどう意味か答えるがね」

ガガに言われてスマホを操作する。ここは的確な答えが欲しい。

「えーっと。最も味のよい出盛りの時期とか、物事を行なうのに最も適した時期という意味があるようです」

「その意味をよく考えてみるとわかるだろう？　最も味がいいというのは、それだけ栄養が、つまりはいいエネルギーがたっぷり詰まっているということなのだよ」

ガガの言葉にワカが「あ～、そういうことか！」と声を上げた。

「わかりやすい！　魚にしろ野菜にしろ、その季節の美味しいもの食べると元気になるのよ。その時期のエネルギーがいっぱいに詰まってるから当然だわ。例えばさ……」

春は、たけのこやそら豆、初鰹《はつがつお》に鯛《たい》。

夏は、オクラにトウモロコシ、ミョウガにスイカ……。

ワカがどんどん紙に旬の食材を書き出している。

ああ、たしかに「旬のもの」っていい。

今の時代は様々な技術が進んで、季節に関係なく一年中好きなものが食べられるけれど、本来、野菜や魚などは、その季節ならではの天からの恵みなのだ。

秋になればキノコや栗《くり》、それに秋刀魚《さんま》が出回るし、冬は白菜やカブなどの白野菜が本当に美味しい。

「それに……」

と、僕は腕を組んで頭の中を整理する。

旬のものを食べるというのは、つまり「旬を見極める」ということだ。

社会で生きている僕たちに必要なのは、タイミングを確実に掴むことである。商談をうまくいかせるのに最適なタイミング。事業を起こすのに最適なタイミング。人間関係を構築するのに最適なタイミング。その見極めができなければ、物事はうまく進まない。

ならば、その時一番美味しい、旬のものを選んで食べるということ自体が……。

「必要なタイミングを見極める訓練にもなる、ということでしょうか？」

僕の回答に、我が意を得たりとガガがニヤリとした。

「その通りだ。旬のものを食べると意識するだけで、物事のタイミングを計るのに役立つのだよ。栄養価の高い食べ物でエネルギーにもなる上に、物事の判断もうまくできるようになるがね」

「こりゃ、やらない手はないですね！」

思い返してみれば、僕は子供の頃からその訓練をさせてもらっていたのかもしれない。

僕の故郷の気仙沼《けせんぬま》では、秋には水揚げされたばかりの秋刀魚が毎日食卓に並んだ。塩焼きに刺身、佃煮《つくだに》まであっただろうか。

母が子供時代には、山盛りに秋刀魚を積んだトラックの後ろで待ち構え、落ちてきた秋刀魚を拾って家で焼いてもらったりしたそうだ。昭和の時代は普通にそういうことがあった。悪くないと思う。

春には敷地内の竹藪《たけやぶ》からたけのこを採ったし、ばあちゃんの畑ではトウモロコシが毎年採れた。

だから、今でもトウモロコシを食べると、楽しかった夏休みを思い出す。

ばあちゃんが初めてつくったスイカを僕が落として割った時には、みんなが悲鳴を上げた！　それも暑い夏のことだった。

今はスーパーでいつでもどんな食材でも手に入るが、昔は知らず知らずにタイミングを見極める行動を取っていたということなんだろう。

旬のものを選んで食べるだけで感覚が鋭敏になって運がよくなるなんて、面白い。それに、体にもいいなら、やらない手はないだろう。

今度スーパーに行ったら、季節を意識して食材を選んでみよう。美味しい食事になるだけでなく、人生まで好転させるのだ。最高じゃないか。

季節を意識して食材選び――「人生好転の秘訣」は身近にある

願いがするする叶っていく「身の回りの整え方」

「掃除をして、旬のものを食べて……。なるほど、こうやって一つひとつ教えてもらえるとありがたいです」

僕は、ガガに言われたことをノートに書きながら呟いた。わかっていても、こうして一つひとつ確認していくと、ますますちゃんとやろうという気になる。

この授業で、また運が上がるぞとホクホクしていると、ビュッと一陣《いちじん》の風がリビングを吹き抜けた。

「ガガさん、私からも一つよろしいでしょうか?」

お、この礼儀正しい口調は……。

「黒龍さん、ぜひともお願いします！　いいですよね？　ガガさん」

僕が頼むと、「まあ、いいがね」とガガも話を譲った。

黒龍は「ありがたき幸せ」とガガに頭を下げると、僕たちの方を向いて話を始める。


「人は**生きやすい環境**が欲しいと思わないでしょうか？」

「そりゃ欲しいわよ」「もちろん欲しいですよ」

僕らの声がハモった。まあ、いらないという人はまずいないだろう。

「どんな人でも、生きやすい環境を望むのは当然です。では、そのために一番必要なことはなんでしょう？」

「必要なこと……」

僕は腕を組んで頭をひねる。改めてそう聞かれると……、はて、何だろう？

考える僕らの様子をちょっと眺めて、黒龍は指を一本ずつ立てる。

「**一つ目は『やりたいことをする』**。**二つ目は『やりたくないことはしない』**という二点です」

「え、そんな簡単なことですか？」

僕は拍子抜けした。その気持ちがつい声に出たのだろう。

黒龍が意味深に笑った。

「さあ、タカさん、そこなのです。おそらく私の当たり前のアドバイスに、多くの人がどこかガッカリしたと思うのです。ですが、実際にそれができていますか？　その環境を多くの人が手に入れられていないのが現実です」


あ……、よく考えれば、たしかにそうかも。改めて日常生活に思いを巡らせる。

やりたくないけど、嫌われたくなかったり、世間体もあったりして断れなかった。

周りの目が気になって、結局やってしまった。

そして、本当はやりたいんだけど「変な人に思われるかも」「批判されたら嫌だし、恥ずかしい」と我慢してしまう。そういうことも多い気がした。

「うーん、言われてみれば図星ですかねえ。シンプルなことだけど、なかなか難しいかもしれません」

「社会で生きていく上では、長いものには巻かれることも、ある程度は必要でしょう。しかし、日常生活でもこれを続けていては、いつまでたっても自分を出せませんから、なかなか幸せを感じることはできません」

「仕事とプライベートの切り替えができないとつらいわよね。ただでさえ仕事や付き合いで大変なんだから、プライベートは自由にしたいわ」ワカが言った。

「ええ。ですからプライベートで嫌だなと思うことは、二回に一回でも、三回に一回でもいいのです。勇気を出して断ってみる。思い切ってやってみる。その決断を繰り返すことで、自分の理想に近づいていくのです」


やりたいことをする。

やりたくないことをしない。


このシンプルなことが、実は人生を好転させる第一歩になる。他人の言うことに従ってばかりいるうちは、自分の人生には決してならない。

「ただし『わがままに生きろ』と言っているのではないので、そこに注意しましょう。自分の人生のために、人の人生を破壊するのは、よろしくありません」

僕もそこが大事なところだと思う。人に迷惑をかけてまで自分を貫いては、本末転倒だ。

だって嫌な思いをさせた分、自分に返ってきてしまうのだから。そう、ガガに教わった「世の中の法則」で……。

「やりたくないことを断れる環境。やりたいことをできる環境。要は、それをつくることも大事だということです。例えば、子供が外に遊びに行くのに、宿題をせずに行けば、ただのワガママかもしれません。ですが、宿題をちゃんと片付けてさえいれば、どうでしょう。文句を言われることは少なくなりますね」

しかし、と黒龍はそこで間を置いてから続ける。

「『世間の目が気になるから』『変な人に思われるから』ということに関しては、また別です。世間の目を気にしてやりたいことに二の足を踏んでいるなら、勇気を出して、まずやってみることです。眉をひそめられても、よろしいじゃありませんか。自分の心に正直に行動して、幸せを感じましょう」

「自分のやりたいことに正直に。そして、そのための環境をつくることが大事……。思えば僕も、自分のやりたいことのために会社を辞めたんですよね」

僕がしみじみ言うと、

「でもタカはさ、ちゃんと活動資金を用意してから辞めたじゃん。そりゃまあ大変な時もあったけど、そうやって環境を整えたから今の環境が手に入ったってことでしょ」

妻の言葉にちょっとだけ救われた。

そうやって理解してくれる人がいる。これも、やりたいことはやりたいけど、行き当たりばったりで家族に苦労をかけたくないと思って必要な環境をちゃんと整えてきた成果なのだろうか、と思った。

「やりたいこと」には正直に。でも、人に迷惑はかけないように

どちらを選ぶ？「やればよかった」と「やらなければよかった」

「えーっと、ここまでをまとめると、『やればよかった』という後悔を一つひとつ減らしていくことが大事な気がしますね」

僕がなんの気なしに呟いた一言に黒龍が、

「タカさん。その通りです」

と食い付いてきた。

「生まれてから後悔をしたことがない人などいないでしょう。では質問ですが『やればよかった』という後悔と、『やらなければよかった』という後悔。どちらが多いと思いますか？　そして、どちらの後悔の方が、その度合いが大きいでしょうか？」

黒龍の問いに、僕とワカは顔を見合わせた。そして、二人とも宙を見上げて考える。

自分の経験。友人知人の言動から導かれた答えは……。

「僕は……ほとんどの人が『やればよかった』という後悔の方が多いと思います」

「そうね、私も同意見。それに後悔の度合いも、そっちの方が大きいんじゃないかな？」

僕らの返答に、黒龍が「正解です」と言った。

「もちろん、これにも明確な理由があります。実は**やらないで後悔するケースでは、得るものが何一つない**からです」

ピシャリと言い切る博学な黒い龍神。その口調はまるで研究者か、科学者だ。いずれにしてもインテリジェンスを感じずにはいられない。

黒龍によれば、

「ああ、やっぱり自分がやればよかった」

「あの時、ちゃんと私の意見を言うべきだった」

「お節介と思われようと、あの時、僕が手を出していれば」

「思ったことを言わなかったばっかりに」

そんなふうに、行動しないと後悔が残る可能性がグッと上がるのだという。そして、その後悔は心の中でずっとくすぶり続けるのだそうだ。

逆に、

「ああ、エラい失敗をした」

「余計なことを言っちまったな」

そういう後悔の場合、「ああ、しまった」と強く思う。で、その時の記憶があるので、これからは、そうした痛みを味わうことがないようにしよう、と心に刻まれて、以降、「場の空気」をうまく読めるようになるのだそうだ。

すると無意識のうちに、

「これは危険だな」

「これはダメ」

が、だんだん感じられるようになり、危険回避の仕方や進むべき方向が自然とわかるようになっていく。

「同じ後悔でも、受け身と攻めでは鍛えられ方がまったく違ってきます。攻めは時にケガも負いますし痛いですが、その思いが呼び起こされることで、将来、同じ失敗をしそうになった時にブレーキをかけてくれる。ブレーキをかけてくれるのが『直感』です」

「なるほど。そうやって人間は、**行動したことで経験する痛みを生かして、直感を磨いていく**わけですね」

納得できる。つまり直感が鋭い人というのは頭で考えているだけでなく、それだけ行動して、嫌な思いもたくさんしたということなのだ。

「逆に行動しない人は、痛みが刻まれません。当然、直感が磨かれることはないでしょう」

そう言って黒龍は、僕を優しげな目で見つめた。

「タカさんはこれまで、大いに失敗して痛い目に遭ってくれました。これはタカさんの人生において大変な成果と言えるでしょう」

「まあ、おまえはバカだから普通にしてても失敗ばかりだがね。これからも失敗しまくって直感を磨きたまえ、がはは」

ガガの大笑いに「そんなあ」と、思う。

「いやいやいやいや。痛い目に遭うのは、ほどほどにしたいです」

成功すれば、「よかった。成果が出た上に、うまくいくための直感も磨かれた」。

失敗したら、「これで直感が磨かれて、身の安全が高まった」。

そんな気持ちで、失敗を恐れずに行動することが一番だと思う。

行動の積み重ね、成功と失敗の繰り返し、そのシンプルなことが成功への近道になるということを忘れてはいけない。

「失敗の痛み」は決して無駄にならない

「失敗＝経験値」――頭でっかちで終わるより、ずっといい

「なんか安心したなあ。僕の失敗も悪いことばかりじゃなかったって、ことだよね」

僕は笑って言った。

「結局、**失敗することって経験値につながる**のよ。経験がなければ、ただの頭でっかちの面白くない人な気がするわ」

ワカの言葉を聞いた瞬間、僕は昔ガガに言われたことを思い出した。

「おまえら。そんなに成功するのが嫌なのかね？」というセリフだ。

それは、かつて僕が失敗を恐れて消極的になっていた時に言われた一言である。そして続けてガガはこう言ったのだ。

「成功できない人間が多い理由を教えてやろう。それはな、**失敗を恐れるあまり失敗するヤツが多い**からさ」

「失敗を恐れるあまり失敗する？　はあ？　ちょっと意味わかりません」

もちろん僕は口を尖《とが》らせて反論した。

そもそも最初から失敗したい人なんているわけがないのだ。僕だってそうである。

しかし、ガガはそこで大きく首を振り、

「バカめ。それこそ成功できないヤツが陥っている、負のループだがね」

そう吐き捨てるように言うと、僕にグッと顔を寄せてこう続けた。

「成功する喜びよりも失敗する恐怖が大きく、消極的になることで、せっかくやってきたよい波に乗らずに、むせび泣く。よいかね？　**乗れんのではない、乗らんのだ！**　そうして自ら人生のチャンスを逃したヤツを、我は嫌というほど見てきたのだよ」

熱い思いが伝わってくる。

つまりガガから見れば、失敗したくない人は、成功したくない方を選んでいるに過ぎないということだろう。
例えば、赤ちゃんが歩けるようになる過程を想像してもらえばわかりやすいと思う。歩けるようになるためには、何度も転びながらバランス感覚を覚えていく必要がある。右に転べば、右足に力を込めて重心を中心に戻すことを覚える。左に転べば左足に……という感じに少しずつバランスの取り方を覚えていく。

これは自転車でも同様で、何度も自転車を倒しながら徐々にバランスの取り方を覚えてスムーズな自転車の運転が可能になる。
僕も小学生の頃に気仙沼の岸壁で何度も転び、膝《ひざ》を擦《す》りむきながら自転車に乗れるようになった。何度も自転車を倒しながらも、小さな体で自転車を起こしてはまた転ぶことを繰り返して覚えていった。

つまり、転ぶことこそが、

・歩く
・自転車に乗る

ということに絶対に必要な過程だったということだ。

要するに、「歩く」「自転車に乗る」ことを成功と定義するならば、「転ぶ」という失敗こそが絶対に必要なことだということだ。

これが日本人がよく**「失敗は成功のもと」**と言う所以だろう。

「失敗を恐れずにやってみる。失敗したら、なぜ失敗したかを考えてまたチャレンジする。そうやって人生の階段をうまく上れるようになるわけですね」

僕が確認するように言うと、黒龍が、

「**ポイントは、その失敗からどれだけの教訓を得られるか**です。次に繋がる教訓ならば、一気に階段を駆け上がるチャンスが手に入りますから」

と力を込めて言った。

「僕は転んでも、ただでは起きません。必ず何かを拾います！」

僕は右手を握りしめて宣言する。なんだか妙な宣言だけど、まあ事実だし。

「タカはその辺、しっかりしてるから安心だわ。なんせセコいから」

え？　そう言っちゃうの？
まったく、ワカはいつも僕をオチに使うんだから。
でも事実、転ぶたびにいろんなものを拾ってここまで来たのかもしれないな。
僕はそう思いながら両手を開いてジッと見つめた。なんだか自分の掌が愛おしい。
これから先もいろんなものを掴んでいきたいと強く思った。
あ、もちろん進んで転びたくはないけれども……。

「転んでも、ただでは起きない」そんな心構えがチャンスを掴む

「目的」を認識せよ。目の前のニンジンに踊らされないコツ

「ちなみにだけど、どんな失敗でも必ずヒントって得られるのかしらね？」

ワカが疑問を口にする。

「ワカさん、それはなかなか的《まと》を射た質問です」

黒龍の目がキラリと光った。自分の分析結果をお披露目《ひろめ》する機会が来たという喜びだろうか。

「**大切なのは『どんな目的で、その行動を取ったか？』が明確になっているか、**です」

「それって具体的にはどんな？」

僕は突っ込んだ。ここは詳しく知りたいところだ。何も得られない失敗じゃ、成功

の素《もと》にはならないのだ。

黒龍はメガネを中指でクイッと押し上げ、説明を始める。

「まず行動する時に大切なのは、しっかりとした**目的意識**を持つことです」

「ははあ、どうしてその行動を取るのか？　その意味を明確にするということでしょうか？」

「その通りです。それが明確にわかっていれば、失敗した時の反省を次に生かすことができます」


例えば、車を走らせていて道が二つに分かれていたとする。どちらの道を行っても目的地には到着できる。一つは直線で行けるので距離は短くて済むが、とても細い山道。もう一つは、回り道だが舗装された広い道路。

ここで「早く着きたい」という目的のもと思考を巡らせ、距離の短い山道を選択した。しかし、道が狭くてスピードが出せない上に、対向車とすれ違うたびに、道を譲り合う必要があり、余計に時間がかかってしまった。

この失敗から、早く着くには距離が短ければいいわけではない、ということがわかる。次からは、リスクを減らすために、回り道でも広い道を選択することもできるはずだ。

しかし、はじめから、「山道を行きなさい」と誰かに言われて、それに従って行動した場合は、失敗した原因は「その道を指示した人間にある」ということになる。自分は悪くないから反省もしないし、得るものもない。

そのため、次にまた同じ選択を迫られた場合、前者は広い道を選択できるが、後者は自分では判断できないことになる。

この違いは、とてつもなく大きい。

「やはり大事なのは、目的を持ち、自分で考えて判断するという過程なんですね」

「そうです。**自分で考えて決断する**。**その過程があれば必ず、得るものがある**のですよ。それが成功しても失敗しても、必ずです。逆に自分で考えて行動しない人は、成功しても得るものはありません」

黒龍がキッパリ言い切った。

僕にも覚えがある。

それは、かつて会社で設計者として働いていた時のことだ。

現場でトラブルが発生した時、僕はそのことを上司に報告した。

「そういう状況ですが、どうしましょう？」

そう尋ねた僕にその上司は、少し黙った後で、

「おまえならどうする？」

と、逆に質問したのだ。


僕は戸惑いつつも思考を巡らし、自分なりの答えを出した。すると即座に、

「そうやった場合、こういう不具合が出るよね？」

と返された。要するに僕の回答は正解ではなかったのだ。

だけど、自分で考えて出した答えを上司に伝え、上司に不具合が出ることを指摘されたことで、「自分の考えは浅かった」と思い知らされた。そのことが恥ずかしさと共に僕の脳裏に焼き付いていて、その後同じような状況に置かれた時に、失敗することはなかったのだ。

もし、そこで上司が「こうしなさい」と正解を指示していたら、たとえその時は成功したとしても「なぜ、そうしたか？」がわからない僕が再び同じ状況に置かれたとしたら、きっと失敗しただろう。

「どんなことでも目的を明確にして、自分で考えて行動することです。そうすれば、どんな結果が出たとしても、必ず次に繋がります。それが成長なのです」

こうしなさい、と明確な答えを差し出されれば、考えずに正解を選べるから楽だし、失敗しても他人のせいにできる。

だけど、そんな目の前のニンジンに惑わされていては、いつまでも成長はできない。ニンジンに惑わされずに「どうしてその行動をするのか？」を自ら考えることだ。

その先に、必ず成功の道が広がっている。

「指示待ち人間」に成功の道は拓けない

決断する時の「基準」があれば大丈夫

そのついでに、と言っちゃなんだが、僕は小さく手を挙げて質問する。

「自分で決断するのが大事ということはわかりましたが、誰かにアドバイスをもらうのはどうなんでしょう?」

人生は迷いの連続だ。いろいろな人の意見を聞きたいと思うのが本能だろう。相談したい時だってある。そんな時、誰かにアドバイスをもらうことで得るものもあると思ったのだ。

「クワーっ!　おまえ、バカかね。人間同士がひしめき合って生きているのだ。誰かに相談くらいするのが、普通の人間だがね」

ガガが言い放つ。

ほ、よかった。僕はいつも妻に相談するのだ。これ、どう思う？　って。

「しかし、いくらアドバイスをもらっても、それを選ぶか選ばないかは自分で決めるがね。つまり**最後に決断するのは結局、自分自身**ということを忘れてはならぬのだ！」

ガガが勢いよく吠《ほ》えた。

なるほど、最終的に自分で決断を下すのであれば問題ないわけだ。「○○さんに言われたから」ではなく、「○○さんの意見を信じて決断する」ということであれば、その選択をした責任はあくまでも自分にある。それについては、言い訳はできない。だって、「○○さんに言われたから」と言い訳するのは、卑怯《ひきょう》じゃないか？

「誰かに言われたからやった」という言い訳は、保身でしかない。


「それにだな」と、ガガはガッシリと腕を組んだ。

「**自分で選び、決断した方が**『**後悔しない**』がね！」

「あー、めっちゃわかる！」

ワカが叫んで、悔しそうに地団太《じだんだ》を踏んだ。

「私もうっかり他人の意見に乗って失敗するたびに思うわ！　『ああ、もっと自分を信じればよかった』って！　ちょっと聞いてよ、こないだも競馬でさあ」

うん、キミが競馬新聞に惑わされて、馬券を外した話は、この際どうでもいい。

だが、その言葉にガガはニヤリと笑った。

「その通りさ。結局は自分で信じた通りにしないと、後悔するのだよ。そして、自分で決断する上で大切にすべきことが一つあるがね」

「はて、それは何でしょう？」

ここが大事なポイントな気がする。

「**選択する時にどんな基準を持っているか**、だがね。実は世の中は、自分で決断しておきながら『そんなはずじゃなかった』と嘆いているヤツが多いのだ」

ガガは残念そうに首を揺らした。


「我は考えたがね。なぜ、自分で決断しておきながら嘆くのかと。すると、一つの気付きがあったのだ」

「その気付きって？」ワカが聞いた。

「そういうヤツは『**自分がどうしたいか**』ではなく、『**他人にどう見られたいか**』を基準に、決断を繰り返しているということだがね」

ガガによれば、自分でやりたいことを選んでいるつもりが、いつのまにか「他人からどう見られるか」「周りがどう評価するか」、そんな世間体ばかりを気にして選択している人がとても多いのだという。

しかもそれを繰り返すうちに、自分でもそれを「自分がやりたいこと」だと、勘違いしてしまうらしい。

「特に、板の中身を気にするヤツは、その傾向が強いがね」

「板?」ガガの言葉に僕は首を傾《かし》げる。

「ガガが板って言えば、コレのことよ」

そう言って、ワカが自分の「板」を手に取った。

「あ、スマホか」

ガガはスマホのことを「板」と呼ぶ。ちなみにデスクトップのパソコンは「箱」だ。

龍神様も、次々に発明される文明の利器に付いていくのは大変らしい。

そう言えば以前、京都の貴船《きふね》神社に行った時に神様から「最近の人間は、なぜ社殿に板を掲げるのだ？」と聞かれたのを思い出す。
インターネットやSNSなどの発達で、必要以上に周りの反応を気にする人が増えたのは僕たちも感じていたことだ。

「他人の評価ばかりを気にするヤツは、自分と考えが違う相手に遭遇すると、まったく違う意見にもかかわらず簡単に流される。結果として自分が望まない結果を招いているのだよ」

「うーん、そうやって自分の望む人生じゃなく、いつのまにか見えない誰かに操られた人生に向かっていくわけか……」

なぜだか、いろんな人の顔が頭に浮かんだ。

「自分が望む人生にしたいのか。他人によく思われる人生にしたいのか。まずはそれをよく考えてみたまえ」

自分はどうしたいのか。それを明確な基準として持っていれば大丈夫なのだ。
もちろん、他人の目が気になることもあるだろう。

でも、考えてみてほしい。もし、あなたが大きな成功をおさめたいのであれば、「世間と同じこと」をしていてはダメだろう。なぜなら、成功するためには少なからず「人と違うこと」をしなければいけないから。

アドバイスを受けつつも、最後に自分でする決断によって大きな道が切り拓かれ、「自分の望む人生」に早く近づけるということだろう。

「それにな、我々龍神にとっても、そういうヤツはカモンだがね。なにしろ、何を望んでいるかがわかりやすくて、後押ししやすいからな」

そう言ってガガがガハハと大きな声で笑った。

「他人にどう見られたいか」ではなく「自分はどうしたいのか」

言われて納得！
コレをするヤツとは距離を置け

「いやあ、疲れた疲れた」

僕は玄関に靴を脱ぎ捨てると、ふう～っと息を吐き出した。

翌日、僕はある会合に出かけたのだ。初めて出席する会合だったが、新たな出会いがあるかもと自分で決断して出席することを決めた。しかし、結果は空振りだった。

「タカ、今日は付き合いで遅くなるんじゃなかったっけ？」

デスクで書き物をしていたワカが、顔を上げて言った。

「そのつもりだったんだけどさ、……ふうー」上着を脱ぎながら、僕は大きく息を吐く。

「楽しくないから帰ってきたよ。なんか他人をバカにして笑いを取るような人がいて」

自分がされてるわけじゃないのに、ああいう時って、どうしてあんなに嫌な気分になるのだろう。僕はミネラルウォーターをごくごく飲んで、喉《のど》と心の渇《かわ》きを潤した。

皆さんの周りでもいないだろうか？　他人をディスって笑いを取ろうとする人。ちなみにディスるとは、英語のdisrespect（ディスリスペクト）から来ていて、侮辱《ぶじょく》するとか辱《はずかし》めるという意味もあるのだという。

「あれ？　ちょっと太ったんじゃね？」

「おまえは空気読めないからな」

どこか棘《とげ》のある言葉を吐いて、ゲラゲラと笑う人。

本人はそれで笑わせようとしているのかもしれないけど、その場の空気は冷めていく。

もう用事は終わっていたし、特に残る必要もないと判断した僕は、

「お疲れ様でしたー、帰りまーす！」

と言って、サクサクと帰宅した。これも僕の決断の一つだ。すると、

「ほう、タカや。なかなかやるではないか。おまえ、いい判断をしたがね」

珍しくガガが褒《ほ》めてくれた。

「え、そうですか？　ガガさんに褒められるなんて珍しい」

僕は驚きながら言うと、

「そりゃ、そうだがね。おまえは普段、褒めるところがないのだからな！」

あらら、こいつは手厳しい。

「でも、珍しくお褒めいただいて恐縮ですけど、僕の行動のどこがよかったんでしょう？」

と聞いた。なんせガガの言うことはいつも感情的で言葉が足りなくなるから、こうやって突っ込んで聞く必要があるのだ。

「簡単なことだがね。**世の中には、パッパと縁を切った方がよいヤツもいる**のだよ。

パッパとな！」

「ガガったら、また乱暴な言い方して」

ワカが呆れた声を上げる。

「わかる気がします。ガガさん、それってどんな人でしょうか？　詳しく教えてもらえませんか？」

僕の問いにガガは「ほほう」と呟く。そして、自慢の髭《ひげ》を指で撫でながら言った。

「では教えてやろうかね。他人をバカにして笑いを取ろうとするヤツ。特に、身体的な特徴をディスるヤツは要注意だがね」

「つまり、人前で『おまえは太ってる』とか『おまえは頭悪いから』とか、相手の気にしていることを笑いのネタにしちゃう人ですよね」

「あー、いるいる！　私そういうヤツ、大っ嫌い！　ロクな人間じゃないっつーの」

と、ワカの顔が変わって般若《はんにゃ》の如《ごと》くなる。こ、こ、こ、怖いんですけど。

「そりゃ僕も嫌いですが、世間には、かなりいるじゃないですか、そのタイプの人。ある程度我慢すれば、いい気もしますが……どうして一緒にいるとダメなんでしょう？」

「タカや、おまえは本当にバカな男だな！　特段、理由など必要ないのだよ。おまえ、ディスられて気分がいいかね？」

「よくないです」

即答。

「そうだろう。それにだな、人間は人前で自分のコンプレックスをネタにされて笑われると、それがどんどん悪化する生き物なのだよ」

「え？　じゃ、太っているのをネタにされた人はますます太るとか、そういうことですか？」

「マジ？　バカにバカって言うと、ますますバカになるみたいな？　こわっ」

これは驚きである！


「さよう。人間は他人に笑われると、そのコンプレックスをさらに意識するようになるのだ。だが、それは『太っている』という事実をひたすら認識しているに過ぎん」

「ははあ。人は思ってることや感じていることが実現するようになってるから、コンプレックスを意識することで、ますますその通りになっちゃうのか……」

なんとまあ、エラいことである。するとガガはこう続けた。

「もしも本当に相手のことを思うのなら、『ちょっと運動をしてみたら』とか耳元でそっと注意してやればいいがね。それが本当の優しさというものさ」


僕はそれを聞いて、あることを思い出した。

ブログなどで誤字や脱字があった時に、僕にそっと教えてくれる人がいた。

他人に悟られないように、騒がずに必要なことだけ教えてくれる。その時、深い優しさにジンときたのだ。これが本当の優しさだろう。ありがたかった。

そしてそういう人は、自分を誇示するように公の場で指摘するような野暮《やぼ》は、絶対にしない。行動自体が美しいのだ。

そして、そんな人たちとはその後、仲を深めて信頼関係を結ぶことができた。


自分のための発言（コメント）か、相手を思っての発言（コメント）か。

ここをはき違えると大変なことになる。

「もし周りに、相手がコンプレックスに思っていることをディスるような人間がいたら、悪いことは言わんからパッパと距離を置くがね。それが自分の身を守る最善の策になるのさ」

「わかりました」僕は納得して大きく頷いた。そして、

「ところで、ガガさん」と顔を上げる。

「ガガさんが僕のことをいつもバカバカと言うのは、それに当たるんでしょうか？」

「むむむっ！　そ、それはディスっているのではない、本当のことだがね！　それに、我はいつもそっと優しく教えているではないか！」

ガガさんにとっては、これでもそっと優しく教えてくれているらしい。

大変ありがたいことだ。

「人前で指摘」よりも「耳元でそっと注意」
——それが本当の優しさ

「自分は世界の中心ではありません」という お話

世の中にはいろんな人がいる。

どんな人と付き合い、どんな人と距離を置くか。それを判断することが大事だと思う。

そんなことを考えていると、ふとあることが脳裏を過《よぎ》った。

「ガガさん、またまた教えてほしいことがあるんですが」

僕は姿勢を正してガガに声をかけた。

「まったく何かね、我はそろそろ寝ようと思っていたというのに」

ガガが眉を寄せて文句を言ってくる。

「ってか、龍神って眠らないんじゃなかった?」ワカがいぶかしそうに聞く。

すると、偉大なる龍神は答えた。

「ふん、それは少し前までの話だがね」

「は？」

「生き残るヤツは変化し続けるがね。我は最近、寝るのだよ！　龍神マーケットで枕を買ったのだ！　肩こり解消リラックス枕というがね」
マ、マジか……。臨機応変な龍神様もいたもんだ。しかも、龍神マーケットって、肩こりって、リラックス枕って……。
まあいいや、いちいちガガのジョーク（かどうかは、わからないけれども）に付き合っていたら日が暮れてしまう。

僕は、華麗にガガの言葉をスルーして続けた。

「あの、若くても心が穏やかな人もいますが、いい歳をしてイライラしている人もいますよね。この差って何なんでしょう？　人間の性格って、年齢を重ねるごとに、穏やかになったり成熟したりするものじゃないんですかね」

僕はそう言うと腕を組んだ。すると、ガガは大きく鼻を鳴らす。

「ふん。年齢によって性格が違うなら、意地悪な婆さんもケチな爺《じい》さんも存在せんがね。**イライラしているヤツはだな、生意気にも自分が世界の中心にいると思っている**のだよ」

「世界の中心?」

と、僕。

「で、愛をさけぶ?」

と、ワカ。

オイオイ、ずいぶんと懐かしい映画が出てきたな。女性を中心に一大ブームを巻き起こした「セカチュー」、実は僕も好きだったけれども、ものすごく泣いたけれども、そしてサントラもＤＶＤも持っているけれども、あの作品で長澤まさみさんの大ファンになったのは内緒だけれども。

「よいかね? 子供の頃は、親がちやほやしてくれるだろう? 特に甘やかされて育ったヤツほど、世の中は自分を中心に回っていると勘違いするのだよ」

「なるほど。だからガキンチョ……、じゃなくって子供は、ワガママだったりするわけね」

ガガの言葉にワカが同意した。

「さよう。しかし大人になるにつれ、だんだん自分を中心に世の中が回っているわけではないと思い知らされる。一人ひとりに都合があり、違う考えがある。いわば、それぞれの世界があるわけだ」

「それが社会での経験ですよね。子供なら学校とか、友人関係とか」

「自分が世界の中心ではないと気付く。そこから成長していくのよね」

僕とワカの言葉に、ガガはうむと頷き、話を続けた。

「しかし、人との繋がりを避けてきた人間や、周りから義理でちやほやされていた人間は、いつまでもそれがわからん。だから、みんなが自分の思ったように動いてくれると、おかしな期待をするがね」

ガガの説明に僕はポンと手を叩いた。

「そうか！　人との繋がりがない人ほど、いつまでも世界が自分を中心に回っていると思っている。だけど、実際はそんなに都合よくはいかないから、なんで自分の思うようにいかないのかと、イライラしちゃうのか」

自分のことはコントロールできても、他人はコントロールできない。
もちろん、自分の都合に合わせて周りが動いてくれることだってない。
結局は、それに早く気付き、自分が世界の中心ではないと気付いた方が気持ちよく毎日を過ごせるということだ。

「過剰に期待しない」

そうすれば、周りの出来事にいちいち傷ついたり、イライラしたりすることもない。
周りの人があなたを仲間外れにしているという被害妄想からも抜け出せて、気持ちも穏やかに行動できるなんて、それだけでお得ってものだ。

「我がなぜこんな話をするかと言えば、思い通りにいかぬことに、いちいちイライラして、苦しい気持ちになってほしくないからなのだ。みんなに楽しく落ち着いて人生を歩んでほしいのさ。どうだね、我は優しいだろう」

そう言って、ガガは「ガハハ」と胸を張った。

なぜ我がこんな話をするかと言えば？

あの～、これは僕が質問したからなのではありませんか……？

最後は全部、自分の手柄にしちゃうんだから。

「過剰な期待」を手放したら、穏やかな気持ちで暮らせる

勇気を出して「ちょっと上の世界」を覗いてみる

もしや眠気も吹っ飛んだのだろうか。ガガが何か思いついたように、再び口を開いた。

「ふむ。では、**我が神様に愛される、とっておきの行動**をちょいと教えてやろうかね」

「お！　それは嬉しいな。ぜひ聞きたいです」

僕は思わずソファから立ち上がった。

「簡単なことさ。自分がなりたい姿を実現しているヤツの近くに行ってみることだ。金持ちになりたければ金持ちが集まる場所に、社長になりたければ社長が集まる場所に出かけてみるというふうに、**なりたい人物がいる場所に足を運んでみる**のだ」

「それは、自分がなりたい姿の人に会いに行くということですか？」

僕が聞くとガガが大きく頷く。

「その通りだ。ところがだな、多くの人間はこの逆をしているのだよ。だから、うまくいかんがね」

ガガがピシャリと言い放つ。


多くの人が「お金持ちになりたい」「お金が欲しい」と言っている。いらないという人はまずいないと思う。

ところがお金持ちの人、最近ではZOZOTOWNを立ち上げて財産を築き上げた前澤友作社長が何か発言するたびに「金持ちは下品だ」「品がない」などと批判の記事が出て、それに賛同の声が上がっているのを見かける。

そして最後にこう言うのだ。

「お金があるから、できるんでしょ」と。

それがガガをはじめとする龍神たちには、不思議でならないという。

「なぜ、やりたいことをしている姿がそこにあるのに、それを否定するのかね？　そこに近づき、真似ようとすればいいではないか」

「なるほど。お金持ちならばお金持ちになる理由が、その行動に隠されているというわけですね」

と、僕はメモを取った。

「さよう。**人に愛されるヤツは人に愛される行動を、金持ちのヤツは金に愛される行動を、そして偉くなるヤツは偉くなるための行動をしている**のだよ。ならば、近くに行って、そういうヤツらの行動を学べばよいのだ。真似ればよいのだよ」

ガガの言葉に僕は思わず唸った。

僕も思い当たることがあったのだ。

六年前、会社を辞めた時の僕は、周りの人たちとの接し方もわからず四苦八苦した。社長さんたちが集まるような会合や政治家の集まるパーティにも足を運んだが、なかなか会話も弾《はず》まない。当然、浮いた存在になる。

だけど、行くたびに周りの人たちの会話を聞いていて、あることに気付いた。

それは、社長さんたちは経済の動きをいつも見ていること、政治に関わる人は政治や国際社会に常にアンテナを張っている、ということだ。どんな会話なら話が弾むのか、どの人も様々な分野の勉強をしていると感じたのだ。

そこで僕は毎日、新聞や時事ニュースでいろんな勉強をするように心がけた。政治経済、社会情勢、世界で起きていること、スポーツに始まり、果ては芸能ネタまで、興味のあるなしにかかわらず「世の中を見る」というテクニックを覚えた。はじめは難しかったけれど、それが習慣になると面白いことがたくさん起こった。これまで浮いた存在だった僕の話を、みんなが聞いてくれるようになったのだ。そういった会合だけでなく日常での付き合いも増えたことで会話力も上がり、普段の会話で接することができるようになったのである。

背伸びをして飛び込んだ世界に戸惑いつつも、それに付いていこうとした結果だった。そして何より、お金持ちや偉い人たちがどんなことに興味を持ち、行動しているかがわかるようになったのだ。

「ちょっと背伸びをして、その世界に飛び込んでみる。勇気がいることだけど、その一歩が大きな成長に繋がるような気がします」

僕が胸を張って言うと、ガガが満足げな笑みを浮かべる。

「そうなのだよ。そうして上を目指すものは、一つひとつステップアップしていくがね。ちょっとの背伸びが大きな飛躍に繋がり、我々龍神が大好きな、魂の成長に繋がっていくのさ」

お金持ちになりたければお金持ちをよく観察してみよう。

今はよい時代で、書籍やブログ、雑誌の記事などでも発言を目にすることができる。

そして、それを否定したりせず、自分ができる範囲でやってみること。

何より、そういう行動こそが神様や龍神にも伝わりやすく、**後押しを受けやすい体質**をつくっていくのである。

「背伸び」していると
神様にも頑張っていることが伝わる

4章

「人付き合い」と「神様付き合い」は同じ

……面白いほど〝いい循環〟が生まれる人間関係

「人に好かれない人」は、神様も助けられません

パンパン。
柏手《かしわで》の音が境内に響いた。
そして、僕たちは深く頭を下げる。
顔を上げるとそこには、陽の光に照らされた朱塗《しゅぬ》りの社殿が輝いている。

ここ**鹽竈《しおがま》神社**は、塩釜湾を望む高台に位置する陸奥国一之宮《むつのくにいちのみや》だ。
同じ境内には延喜《えんぎ》式内社《しきないしゃ》（延長五年〈九二七年〉にまとめられた『延喜式神名帳《じんみょうちょう》』に記載された神社）の中でも格式の高い名神大社《みょうじんたいしゃ》である**志波彦《しわひこ》神社**も鎮座しているので、志波彦神社・鹽竈神社と合わせて呼ばれることも多い。

僕たちは神様へのご挨拶を終えると、門をくぐって外へ出る。西側へ足を向けると朱塗《しゅぬり》木造銅板葺《どうはんぶき》屋根の雨覆《あまおおい》を掛けられた、横長の小さな社が鎮座しているのが見える。境内社《けいだいしゃ》の神明社《しんめいしゃ》、八幡社《はちまんしゃ》、住吉社《すみよししゃ》、稲荷社《いなりしゃ》である。ちなみに境内社とは、その神様や神社と所縁《ゆかり》のある神様が同じ境内に祀られているものだ。

鹽竈神社。鳥居から随身門《ずいじんもん》を望む

「ガガさん、前に教えてくれましたよね。神様はいつもみんなで、僕たちのために協力してくれているって」

僕がそう言うと、ガガはどこか誇らしげに胸を張った。

「さよう。神様は常に人間のことを思って動いてくれているのだよ。そして、その連携を担うのが我々龍神だがね」

「ちなみに神様や龍神様は、具体的にどのように僕たちの後押しをしてくれているのですか？」

神様も龍神様も実体があるわけではない。直接手を貸すのは難しいから、きっと特別な方法があるに違いない。さあ龍神様の回答は？

「**人間を助けてくれるのは、やはり人間**なのさ」

「人間？　神様じゃなくて？」

どういうことだ？　呑《の》み込めずに首を傾げる僕に、ガガが説明を続ける。

「神様も龍神も、実体があるわけではないから、人間に直接手を貸すことはできん。それができるのは、あくまでも人間だがね。だから我々は時を操り、必要な人間との縁を繋ぐのだよ」

「わかった！　よい学校に受かりたければ、よい塾や先生との縁を。歌手になりたければ、よいボイストレーナーとの縁を繋いだりするわけね」

ワカがポンと手を叩く。

「じゃ、僕が本を出したいと言った時に、よい出版社との縁を繋いでくれたのも、そういうことだったのか」

僕が言うと「タカや。今頃気付いたのかね」とガガが冷めた視線を向けてきた。

ス……スミマセン……。

「しかし、我々が助けられん人間がいるのも、また事実なのだ」

ガガは「ふう」っと息を吐く。

え？　それってどういう意味だろう？　神様や龍神でも助けられない人？

「タカや、おまえ、昨日の会合で会ったヤツのことを覚えているだろ。もしも、そいつに協力してくれと言われたらどうかね」

ガガの言葉に僕は顔をしかめた。思い出したくもない。

「あー、昨日タカが言ってた、他人をディスって楽しんでいる人ね」

「パッパと距離を置けって言ったのは、ガガさんじゃないですか。嫌ですよ、あんな人に協力するなんて」

僕は口を尖らせた。すると、ガガが「我が意を得たり」とニヤリと笑う。

「そうだろ？　つまり人に嫌われているヤツは、いくら我々が縁を繋いでやろうともダメなのだよ。縁を繋いだ人間にすら嫌われてしまうからな」

ガガの言葉にハッとして目を見開いた。た……たしかにそうだ。

いくら神様が後押しして、いい縁を繋いでくれたとしても、その人とうまくやれなければ、その縁も生かせない。無駄になってしまうだろう。

「うーん、それじゃあ神様だって、やる気も出ませんよねえ」

「さよう。だからこそ、**神様に好かれたければ、まず人に好かれることが大事**なのさ」

「ってことは、**人間関係が円滑だと運気が上がる**のか！　たくさんの人に好かれれば、縁を繋げる候補者がそれだけ増えるってことですね」

僕は納得して頷いた。

人に嫌われる人は、神様にも嫌われるという。人間関係を大切にして、周りの人にも愛される。これこそ、神様や龍神にも愛される方法だ。

人間関係が円滑になるほど運気も上がる！

「話のキッカケ」を上手に掴める人は、〇〇に注目する

「あの、具体的に人との関係を円滑にする方法って、ないですかね？」

どさくさに紛《まぎ》れて聞いてみる。

そんなこと、わざわざ龍神に聞くことじゃないだろ！　と言われるかもだけど、ダメもとで聞いてみる。すると、

「そんなこと我に聞くんじゃないがね！　人間同士のことまで、なぜ我が手取り足取り教えねばいかんのだね？　甘えるでない！」

やっぱりね。

しかし、ガガはコホン、と一つ咳ばらいをすると、

「しかしだ、タカに任せておかしな説明をされても困るがね。ここは我が直々に説明

してやるがね。なんせ我は長い間、人間たちを見てきたから、人の心の機微《きび》には詳しいのだ」

そう言ってチラリと目線を脇に向ける。すると一陣の風が吹いた。もしや……。

「おや？　奇遇ですね、ガガさん。通りかかりましたら皆さんがお揃《そろ》いとは」

ドラマティックに黒龍が通りかかった……のか、スタンバっていたのかは定かではないけど、とても助かる。やはり理論的な説明は黒龍さんがありがたい。なんせガガの説明はわかりにくいから……。

「おう、黒龍か！　本当に奇遇だがね！　うむ、我が話してやろうと思ったが、このタイミングで出会ったのも何かの縁だがね。ここは黒龍が説明したまえ。役を譲ってやろうではないか」

「それは光栄、さすがはガガさん。ありがとうございます」

いくぶん芝居がかってはいるが、まあなんとか交渉成立したらしい。黒龍は僕たちの方を向き直り、説明を開始した。

「まず人に好かれる人と嫌われる人には、決定的な違いがあります。それは他人と出会った時に顕著に表われます」

「その違いとは？」

「**互いの間に『共通点』を見つけるか、『相違点』を見つけるか、その違い**です。これが、その後の人間関係を左右すると言っても過言ではありません」

共通点と相違点か。わかるような、わからないような。でも、わかりそうだ。何だろう、この感覚……。

あ、そうだ。きっとこれかな？

黒龍さんの言葉をよく考えて、僕は過去に出会った人たちのことを思い出してみた。ずっと苦手だと思っていた人が、実は同じ考えを持っているとわかり仲良くなった。合わないと思っていた人が同じ出身地だとわかって、地元の話題で盛り上がった。嫌いだった人が自分と同じ悩みを持っていると知り、親近感が湧いたこともある。

その時、僕は思ったのだ。**人は、相手にも自分と同じものがあると思うだけで親近感が湧く**ものなのだな、と。

思えば高校野球でも自然と自分の住んでいる地域の高校を応援していたりする。僕は宮城に住んでいるから、自然と東北の学校を応援してしまうのだ、知り合いがいるわけでもないのに。

「つまり、**相手との共通点を見つけられると親近感が湧いて好意を抱く**ってことでしょうか？」

そう僕が言うと、黒龍が頷いた。

「そうです。**人に好かれる人は、最初に自分と相手の共通点を探します。**人間は必ず似ている部分がありますから、それを見つければ当然、話のキッカケを摑める可能性が高くなります。すると相手からの共感も得られ、そこから関係を築いていくことができるでしょう」

しかし、と黒龍は一旦言葉を切り、僕たちの方を見回してから続ける。こちらがちゃんと理解しているかを確認しながら話を進めてくれるのがありがたい。

「人に嫌われる人は、相手との違いばかりを探してしまうのです。違いしか目に入らないから、自然と否定する言葉が多くなってしまいます」

「ま、否定されていい気分になる人はいないもんね」

うんうんと頷きながら妻が言った。そんな人は僕も嫌だ。

しかも、これは心理学的にも証明されていることで、会話の中で共通点を探すような話し方をすることで会話が盛り上がり、相手への好感度が上がったという結果が出ている。

相手との共通点を探す。

たったこれだけで自分の好感度が上がるのだったら、やらない手はない。

相手との「共通点」を探していくと〝気持ちのよい会話〟が始まる

「一緒に盛り上がれるポイント」を探すだけで……

「えーっと……相手との共通点を見つける……、と」

僕はスマホのメモ機能に素早く書き留めた。自宅にいる時は「龍神の教えノート」に細かく書き込むのだが、出先ではスマホを利用する。

もちろん、帰ったらちゃんと書き起こして記録する。よい情報を聞くだけではダメなのだ。ちゃんと残して、実行する。これがいい人生を引き寄せることを僕は知っている。

その様子を見て黒龍はクスリと笑った。

「タカさんのそういう姿勢は、大変よろしいでしょう。相手の話をちゃんと聞いている姿勢を示すという意味でも喜ばれます」

とお褒めの言葉をもらった。あ、嬉しい。その言葉に僕は安心感を覚えた。

きっと人は、相手に肯定してもらえるだけで安心するのだろう。

「そして、さらに一歩進んで運気を上げる方法があるのです」

「ぜひ聞きたいです」

「わー、黒龍さん。教えて、教えて！」

僕とワカが同時に声を上げた。

「**相手と一緒に盛り上がれるポイントを探せるようになる**と、さらによいでしょう」

「それってお互いの好きなこととか、ですか？」

僕の言葉に黒龍は「ピンポン、正解です」と指を立てた。

「相手との共通点を見つけたら、そこから『好きなこと』を探りましょう。**どんな人でも自分が好きなことについて話をしている時は楽しい**ものです」

その言葉に僕はハッとする。

僕はかつて、なんとか自分のことを知ってほしくて、自分の好きなことばかりを話してしまっていた。いつしか僕の近くからは一人減り、二人減り、打ち解けるどころか人がどんどんいなくなった。

「大事なのは、相手に好きなことを話してもらおう、楽しんでもらおうという姿勢なんですね」

自分の好きなことを理解してもらえれば、人は嬉しくなる。会話の中で「それでどうなったの?」「へえ、そうなんだ!」と、興味を持ってもらえるだけで、幸せになるんじゃないだろうか。

しかも、これにはもう一つ効果があって、それは相手が話している間に自分は情報を得られるということだ。相手に喜んでもらえる上に、情報ももらえる。まあ、中には聞いていて嫌になるような自慢話もあるだろうが、**仲良くなりたいならば一緒に盛り上がれる話題に持っていくのがポイント**なのだ。

僕が納得していると、

「そうなのだよ。**人に好かれるヤツは、そのように共に盛り上がれるポイントを見つ**

けるのが、とにかくうまいがね」

横で聞いていたと思われるガガが口を挟《はさ》んできた。

「だが安心したまえ。この日本には誰とでも盛り上がれる共通の話題が一つあるがね！」

何だろう？　誰もが好きで、誰もが盛り上がれる共通の話題って。

「我がいるではないか！　日本には我という人気者の龍神がいるのだよ！　実にわかりやすい共通項だがね！」

ガガによれば、ガガの話題を出すだけでみんな自然と打ち解け、

「ガガさんって素敵よね～」

「ガガさんって知的でカッコいいわ」

「ガガさんと結婚したいくらい」

などと、みんなが口々に言って盛り上がってくれるのだという。

いや、これはガガの妄想に過ぎない、というか、たぶんギャグだ。

うーむ、さすが偉大な龍神様は発想が違う……。

「ま、それだけの龍神になれるように、タカが頑張って本をバンバン書かなきゃね」

ワカがケラケラと笑った。

ハハハ……と上品な笑い声も聞こえた気もする。きっと黒龍さんも楽しいと感じてくれているに違いない。


「何が可笑《おか》しいのかね？　我は事実を言っただけではないか」

ガガが大きな声で言った。

楽しげな空気が境内を包み込んでいく。

こうやってみんなが神様の話題で盛り上がれたら最高だな。

そう思った。

「それでどうなったの?」「へえ、そうなんだ」相手に興味を持つだけで笑顔が広がっていく

「まれびとがみ」（客人神）が現れる人って？

僕たちは鹽竈神社を後にすると、車を走らせる。

ウィンドウを下げると、かすかに潮の香りがした。

「ちなみに一つ質問なんですが」

僕は左手をハンドルから離して、小さく手を挙げる。

「神様に愛されるためには、まず人に好かれるということはわかりました。他に、神様に助けてもらいやすい人の特徴って、ありますかね？」

「ふうむ。そうだな、**弱さをさらせるヤツは、助けられやすい**がね」

「弱さ？」

「そうだ、弱さだ。恥ずかしいだろ、弱さを出すのは」

ガガの言葉には遠慮がない。

僕は「はい、恥ずかしいです」と、呟いた。

ハンドルを握る手に力がこもる。

ガガの言葉に、僕はかつての自分をダブらせていた。


人は誰でも、優秀で頭がよく、社会的にも認められた存在になりたいと思っている。だけど現実は、そううまくはいかない。自分よりも頭のいい人はゴマンといるし、周りの友人や知人にも優秀な人はたくさんいる。

だけど、最初はなかなかそれを認められないのだ。なんとなく、人よりも優秀でいたい。特別でありたいのだ。

どうしてかわからないけど、とにかくそうなのだから、仕方がない。

きっとそれが人の性《さが》なんだろう。

お金もないのにお金のある振りをしたり、知らないことを知っている振りをしたり、有名人の知り合いがいることを自慢して自分の弱さを必死に隠そうとしたりすることも、ある。

というか、僕にはあった。そんな時代が。

「僕も自分の弱さを出せるようになってから、人生がうまくいくようになりましたからねえ。カッコつけてる時って結局、虚勢を張ってるだけなんですよねえ」ため息と共に、本音を吐き出す。

「たしかにタカ、昔はカッコつけてばかりいたわよね。知ったかぶりして、絶対に非は認めないし……」

「ついでにわかりにくいし、頭は固いし、バカだし、我をイジメるし、出ていけと言って我を追い出して龍神虐待を……」

ちょちょ、ちょっと待ってくださいっ！

「ガガさんっ！　ドサクサに紛れて何を言うんですか、もう」

泣きそうな顔でハンドルを握りしめる僕。ううう、なんて可哀《かわい》そうな僕なんだろう。

助手席のワカが「冗談だったら」と、笑う。

「わかるだろう？　**弱さを認めるのは勇気が必要**なのだよ。だが、それを認めぬ限り前へは進めん。なぜなら自分でそれを認めぬうちは、自分の悪いところを直すこともできんからな」

ガガの言葉に僕は深く首肯《しゅこう》する。

「しかもそれだと、神様が協力者との縁を結んでくれても素直に受け入れることができないでしょうしね」

「自分一人でできるから！　って、拒否しそうよね」

ワカが同意する。それを聞きながら僕は『古事記』のある場面を思い出していた。

出雲大社のオオクニヌシが国造りを任された時、彼は素直に弱さを認め、

「俺一人でどうやってこの国をつくればいいの？　うわあーーん」

と、海へ向かって嘆いたのだ。

そこへ現われたのが一寸法師のモデルにもなったスクナビコナや、大神《おおみわ》神社に祀られるオオモノヌシという神様だった。

このように、必要な時にひょっこり現われて助けてくれる。

そして仕事が終われば去っていく。

そういう神様を**「まれびとがみ」（客人神）**と言う。

オオクニヌシは、スクナビコナとオオモノヌシという二柱の神様の協力をもらい、見事に地上世界の統治者になった。

彼も自分の弱さを認めることで、必要な協力者を得て目的を達成することができたのである。

神様だってそうなのだから、人間が弱さを認めなければ、助けなどくるはずがない。

「それに弱さを認められない人って、たぶん怖いんでしょうね。自分が低く見られるとか、バカにされる恐怖に勝てずに、強がってしまうだけなのかも」

「その通りさ。**弱さをさらせるものこそが、本当に強い**のだよ。オオクニヌシがそれを証明しているではないか」

そりゃそうだ。だって、彼は地上の王となったのだから。

人は自分の弱さを認められないもの。だけど、それでは一歩も前に進めない。認めることで本当の強さを得ることができるのなら、苦しくてもきっと僕は認めるだろう。

強くなりたいから。

「弱さを認める勇気」があれば協力者がどんどん現われる

「八方美人」が神様にも嫌われる理由とは

大きい道路を走っていると、ちょっと先に中華料理屋の看板が目に入ってきた。

ん？　こんなところにこんな店あったかな？

中華風の装飾がされた建物に赤い提灯《ちょうちん》がいくつも飾られている。そして、その看板には見事な龍が描かれている。

「看板がまだ新しいわね。最近新しくできた店じゃない？」

「うん、そうだね。それにしても中華料理屋には龍の絵が多いよね」

僕がふと漏らした一言にガガが反応した。

「そうなのだよ！　マーボー豆腐美人の話だがね！」

突飛な発言に僕らは目を丸くする。マーボー豆腐美人？　……はて、奇妙な単語である。

「いや、違うがね、何と言ったか……何とか美人というのだが、中華料理に似ている名前なのだよ……杏仁《あんにん》豆腐美人、エビのチリソース美人……」

も、もしかして……。

僕は助手席のワカと、そっと顔を見合わせた。

「あの、**八方美人**のことですか？」

僕の言葉に、「おう、そうだ！　それだがね、それだがね！」と、ガガは嬉しそうにはしゃいだ。

いや……、語呂《ごろ》から何から全然一致しないし。それに妙に中華料理に詳しい。一体何なんだ、この龍神。

「マーボー豆腐と八宝菜《はっぽうさい》って、共通しているのは中華料理ってとこだけですから」と、心の中で呟いてみる。

「ハッポー美人は、あっちでいい顔、こっちでいい顔するだろう？　ありゃ、神様にも嫌われる原因の一つだがね」

「ほうほう、八方美人は神様にも嫌われる？　それは聞き逃せません」

僕は耳を傾ける。

「そうなのだよ。人間界を見ているとハッポー美人は昔から多いがね。それをやめれば多少はマシになるであろうに、どこからも誰からも嫌われたくないという甘っちょろい思いがあるために、最終的にどこからも好かれず、誰からも必要とされず、悲しい末路を辿《たど》るのだ」

「ちょっと大げさかもしれないけど、まあガガの言いたいことはわかるわ。私も八方美人は信用しないもんね」

運転している僕の代わりにメモを取りながらワカが言う。だけど……。

「でもガガさん。場を丸く収めるとか、そういうことも大事ですよね？　時にはそういうのも必要かと」

反論するわけじゃないけど、疑問に思ったことを聞いてみる。

「うーん、タカ。それって、ちょっと違うのよ。八方美人って、人とうまくやるとか、丸く収めるってのとは全然違うの。これは私が女だからわかるんだけどさ、**八方美人は自分のことしか考えてないの**。だから、めっちゃムカつくわけ」

出た、妻の毒舌。

「その通りだがね。ハッポー美人は、一番最初に自分の身を守る。保身が第一だからな。しかもだ、そこには少々の悪意があることが多いがね」

ガガによれば、全体のことまで考えて周りの人とうまくやろうと努めるのはよいが、八方美人は自分のことしか考えない人が多いという。

つまり、**我が身の保身を第一に考える人はいけませんよ**、ということらしい。

「なるほど。それならわかります」

僕はハンドルをタンっと叩く。賛同の意思表明。

それを確認するとガガは続けた。

「そういうヤツは自分だけうまいことやって、うまく切り抜けてやろうという計算がある。だから、あちこちでいい顔をするだけでなく、人を陥れる小さな悪口も言う。自分に罪が及ばない程度の小さな嘘《うそ》をな」

「ほんとヤダわ、マジ」

ワカは相当、八方美人が嫌いなのだろう。まあ、この人はそうだろうな。

「あえて断言するが、ハッポー美人は信用されんばかりか嫌われるがね。損ばかりだから、『あ、アタシ、ハッポー美人かも』と思ったものは、すぐにやめたまえ。人間、好きもあれば嫌いもあるのが当然なのだからな、ふん！」

ガガがバッサリと斬《き》った！

しかも八方美人は、その場その場で嘘を平気で言うので、裏腹な行動が多くなるという。

前述した通り、「いのり」とは意思を宣言することだから、裏腹な行動を取るとは、「自分の意思を素直に表現する」ことと、逆の行動をしていることになる。これでは神様から信用されないのも当然だ。

「神様に信用されたいと思うなら、誰かに信用されたり、必要とされたりする人間に

なろうと謙虚に学び、過ごすことだがね。実はこれが一番の近道なのさ」

なんだろう。ガガの言葉は妙に胸に沁《し》みた。

人は生きていると、どうしてもうまくやってやろうと思う。

だけど、そのうちに嫌われるのが怖くなって、どこにでもいい顔をするようになる。

でも、そんなことは、きっと長くは続かない。

わかってはいるけど、改めて肝《きも》に銘《めい》じる僕がいた。

そして僕は、中華料理のマーボー豆腐も八宝菜も大好きだ。

「裏腹な行動」は嘘つきの始まり。自分の保身ばかり考えてちゃダメ

「変化を楽しめる心」が運を呼び込む

そんなことを思いながら軽快に車を走らせていると、またまた前方に大きな黄色い外観のガレージ風の店舗が見えてきた。

うーん、今はドライブのシーンだから、どうしてもこういう描写が多くなってしまう。すごい物書きの先生なら、もっとスムーズな描写をするのだろうけど、今の僕の力量ではこれが精いっぱいだ。

とにかく前方に「大きな黄色い外観のガレージ風の店舗」が見えてきた、ところから話を進める。

何だろう？　と視線を向けると、壁にはかわいいドラゴンが描かれていた。

「あ、こっちは西洋のドラゴンだね。二本足で立って火を噴いてる。って、アレ？」

そういえばガガが以前、「ドラゴンと龍は違う」と、烈火《れっか》の如く怒っていたのを思い出した。

悪役として扱われる西洋のドラゴンとは明確に分けてほしいということを主張していた。しかし、最近ガガはそのことを言わなくなった。


「タカや、実はここ数年で状況が変わったのだよ」

「え？　どういうことですか？」

僕は驚いて聞き返す。

「以前、我は『ドラゴンと呼ばれるのは嫌だ』と言ったではないか。優雅に大空を飛ぶ龍神と、太い二本足で立つドラゴンとは容姿も全然違うと！　別物だと！」

「はいはい、めちゃくちゃ言ってましたね」と、僕は首肯する。

「実はだね、あの後、ドラゴンたちから苦情を受けたがね」

「苦情？　クレームってこと？」

ワカが眉根を寄せた。

一体、龍神ガガにどんな苦情が来たというのか？

「そもそもMr. GAGAだって、ユーガなんて言葉と程遠いデスネ～。そんなヘンテコな龍神に言われたくないデスネ～、と文句をたれられたがね」

やっぱりそこ、きますよね。

というか、「ヘンテコな龍神」って、そのままじゃないか、と僕は笑いをかみ殺す。そしてやっぱり海外のドラゴンさんは、カタコトの日本語なんデスネ～。

「それに我は最近、イタリアなど西洋の龍神、ドラゴンと仲がいいだろ？」

「まあ、最近よくつるんでますよね」

たしか最近、仲良くなったのだと言っていたのを思い出す。なんでも、桃に入ってどんぶらこ、どんぶらこと、川を流れてきたドラゴンと言っていたけど、果たして本当なのだろうか……。それ、桃太郎じゃね？

で、そこで仲良くなり、最近では神様に願い事を届けるのも、西洋のドラゴンたちに手伝ってもらったとも言っていた。

つまりだ。

情勢は常に変わる。

変化するということだ。

「潮の流れが変わるというのは、よくあることなのさ。人間だってそうだろ？　同じ人間関係が永遠に続くことはないし、成長すれば周りの人間関係も変わっていくがね。離れる者もいれば、新たに出会う者もいる。その**変化を受け入れられるヤツが、幸運も運気も摑めるという**ことさ」


ガガはそう言うと大きく笑った。

人間は保守的な生き物だ。

変化を怖がり、そこに留まろうとする。

しかし、それではせっかくの運の流れも止まってしまうということだ。

新しい人脈を築く。

新しい場所に行ってみる。

そして合わなくなった相手のことは、執着せずにパッパと手放す。

そうした**状況の変化を楽しんでこそ、よい出会いを呼び込むことができる。**そう、ガガが、龍神やドラゴンの仲間を増やしたように。

それに……。

「我が仲間を増やすということは、神様に届けられる願いの数も増えるということだがね」

「おー、それは嬉しいです。ぜひとも、よろしくお願いします!!」

僕とワカは歓喜した。

それなら僕たちにとっても、願ったり叶ったりである。

新しい人脈、新しい場所——そこから「新たないいこと」が始まる

ベッタリはNG!!
心がけたいのは「適度な距離感」

「ちなみに、今日はお友達のドラゴンさんとは一緒じゃないんですか？」

僕は聞いてみた。

「いつも一緒にいるわけではないからな。**いい関係を維持するためには、適度な距離感が大事**なのだよ。これは人間たちも同じだがね」

その言葉に僕の目がキラリと光る。人間関係をよくするヒントが聞けるかもしれないと、セコい考えがムクムクと湧き上がってきた。

「そのへんを、ぜひ詳しく聞かせてください」

僕が言うと、「ダメだがね」とまさかの拒否。

「ちょっとガガ、どうしてよ？」

問いかけるワカに、偉大なる龍神は言った。

「我はこれからチンタマーニを探しに行かなければならんのだ」

「チ、チンタマーニ？」

何なんだ、その小学生が喜びそうな呼び方は？

「龍神が持ってる玉、あるだろ」

「はあ、ありますね」

龍神が持つ玉は、**如意宝珠**《にょいほうじゅ》という。**サンスクリット語で「チンターマニ」**。「チンター」は、思考。「マニ」は、珠《たま》。

つまり、**「思考することを意のままに叶える宝」**という意味になる（ちなみに、ガガは言いやすいのか、チンタマーニと言う。ご勘弁《かんべん》）。

「どこかに置き忘れたのだよ。たまに誰かの頭の上に置き忘れて、そいつが幸せになってしまうことがよくあるのだ」

ガハハと笑うガガに、「いや……、そんな大事なものを。それに、そんないいものがあるなら、僕の頭の上に載せてほしいのに」と思う。

そしてガガが「代わりに説明しておきたまえ」と言い、飛び立つのと入れ替わりに、

「承知しました。ここは私が解説いたしましょう」

と、黒龍の礼儀正しい声が車内に響いた。

「お願いします」「よろしく、黒龍さん」

僕とワカの声が揃う。

「ガガさんが仰《おっしゃ》る通り、**良好な人間関係を築くために必要なのが、適度な距離感**です」

「うん、わかる。最初は仲良くていつも一緒にいたのに、いつしかそれがストレスになってることとって、あるわね」

と、ワカが遠い目をしながら言う。信号は赤だった。そういう経験って、誰にでもあるんじゃないだろうか。

黒龍は一つ頷くと、説明を始める。

「楽しかったはずの関係がいつしかストレスになる。それは、『適度な距離感を保て

ていない』ことが原因です。人は、他人と接する時に、無意識に自分を守るための空間をつくろうとします」

「**パーソナルスペース**ですね」

僕が声を上げた。

人は必要以上に近づかれると不快感を覚える。この、他人に入ってこられると不快を覚える空間のことをパーソナルスペースと呼ぶ。つまり、どんなに親しい仲でも近づきすぎると不快に感じ、ストレスになるということだ。

「そして、これは物理的な距離だけではありません。精神的にも一定の距離感を保たなければ、苦しくなってしまうのです」

「言われてみれば……」と僕は口元に手を当てて思考を巡らした。

「友達でも、ベッタリの関係が長く続いているのを見たことがありません」

いつも一緒にいた二人が突然仲違《なかたが》いしたり、疎遠《そえん》になったり。中には険悪な関係になった例もいくつも見てきた。

「距離が近くなればなるほど、遠慮もなくなります。お互いの事情も、家庭事情や恋愛遍歴、子供の頃からのコンプレックスや様々な悩み。それらをすべて共有することで、相手への依存心も増していきます」

「相手もそれをストレスに感じるのは当然よね。一定のプライバシーは必要だわ」

ワカの言葉に思いがこもっているのがわかる。女性の場合は特に、そんなトラブルに巻き込まれることが多いのかもしれない。


「そしていつしか、相手は自分と同意見だ。同じ考えを持ってくれていると思い込み始めます」

「そんな時に、自分の意見を否定されたりしたら……」

恐る恐る聞いてみる。黒龍は眉根を寄せて頷く。

「裏切られたと感じて、敵意を持つことになるでしょう」

僕はブルっと身震いした。そ……それは嫌だ。

「だからこそ、**よりよい関係を築くためには一定の距離感を意識**することです。それが良好な関係を維持するコツと言えるでしょう」

そう言って黒龍は右手を差し出した。

その手の上には、金色に輝く如意宝珠が載っていた。

拾っておいた如意宝珠を、ガガの見つけやすいところに置いておくのだという。

「私とガガさんの間でも、お互い知らないことも多いのです」

そう言って笑うと、

「もちろんガガさんが頭の上に置き忘れた方は、長年努力してきた夢が叶って、大変喜んでおりました。そうやってガガさんは、知らず知らずのうちに幸せを振りまいているのですよ」

と僕たちに向けて片目を閉じた。

なるほどね。

おっと、信号が青になった。僕はアクセルを踏む。

必要以上に立ち入らない
——「いい関係」を続けるお約束

「手放す」と新しい出会いがやってきます

「無事に見つかったがね」

僕たちが自宅に帰り、リビングでくつろいでいるとガガがやってきた。

「よかったわね、チンタマが見つかって」

「チンタマではない！　チンタマーニだがね！」

妻よ、そこは決して略してはいけない。


「何はともあれ、お疲れ様でした」僕はねぎらいの言葉をかけた。

「うむ。いつも失《な》くしたらまた新しいのを見つければいいと思ってはいるが、なぜかちゃんと見つかるのだよ。しかもだ、我が見つけやすいところに置かれているがね、不思議なのだ！」

僕はその言葉にギクリとする。しかし、

「まあ、これも我の人徳ならぬ、神徳なのだよ」

そう言ってガガはガハハと威勢よく笑った。僕はホッと胸を撫でおろす。

自分の運のよさを信じて疑わない。これは僕たち人間にも必要なことだと思う。そんなことも、この龍神様は教えてくれている。本人（本神？）は気付いているのか、わからないけど。

「でもガガも、『失くしたら新しいのを見つければいい』なんて、すごいわよね。普通はそんな大事なものを失くしたらショックじゃない？」

ワカが言うと、ガガは指を立ててチッチッとタクトのように振った。

「**今あるものに固執《こしゅう》しない。それが新たな出会いを生むキッカケ**になるがね。そしてこれは人間関係にも言えることなのだ」

「人間関係にも？」

それは興味深い。僕は身を乗り出して聞き返す。

「タカや。おまえ、ここ数年で大きく人間関係が変わっただろう？」

ガガの言葉に僕は顎に手を当て、ここ数年のことを思い出す。

たしかに大きく人間関係が変化した。離れる人もいれば、新しい出会いもたくさんあった。

「人間というのは、同じ魂の持ち主が引き寄せられてくるものなのだ。愚痴っぽいヤツには、愚痴っぽいヤツたちが集まる。建設的な話をするヤツの周りには、そういうヤツが集まる」

「たしかに学校でも、仲良くなるのは似たような考えの人たちだったわ」

ワカが頷きながら答えた。いわゆる「類は友を呼ぶ」というやつだ。

「これは魂のレベルでも同じだがね。**魂のレベルが高いところには高い魂が集まり、**逆にレベルの低い魂の周りには低い魂が集まるようになっている」

そこで言葉を区切ると僕へ目線を向けて、こう問いかけてきた。

「では、成長して魂のレベルが高くなったら、どうなると思うかね？」

僕は腕を組んでうーんと唸る。

それまで仲のよかった人たちと、魂のレベルに差が生じる。そうすれば……。

「自然と距離ができる。付き合いが遠のいたりするとか？」

「正解だ。そいつは周りが物足りなく感じたり、相手もそいつのことを理解できなくなったりなる。すると自然と疎遠になっていくものさ」

「そっか。理屈はわかったわ。でも、そうやって自分が独《ひと》りぼっちになっちゃうのも、つらいわね」

ワカが言うと、ガガが首を横に振る。

「安心したまえ。**手放した空間には必ず新しい出会いが入ってくる**のだよ」

「別れは出会いの始まりというわけですね」

「さよう。裏を返せば、古い人間関係に固執し、それを手放さなければ新しい出会いも訪れん。新しい風を入れたければ、その空間をつくることだ。そうすれば、ちゃんと素晴らしい出会いが待っているからな」

魂のレベルが上がれば、それに見合った人間関係が訪れる。

しかし、過去の関係に固執していては、せっかくの出会いもやってこない。

もちろん、すべて捨てる必要はないだろうし、そういうものと割り切って付き合えば問題ないと思う。

ポイントは、「人間関係は変わるもの」。それを覚えておくといいわけだ。

「ところでガガさん。その如意宝珠が見つからなかったら、どうするつもりだったんですか?」

僕は疑問を率直に聞いてみる。

「龍神百円ショップに行くのだよ」

「龍神百円ショップ?」

「さよう。売っているのだよ。いろんな色のチンタマーニがワゴンで売られているがね。いっぱい買って空からばらまいてみるのだよ」

「そりゃ……夢が叶って喜ぶ人が増えそうですね。なんか、楽しい世の中になりそうです」

僕はそう言って、ガガがチンタマーニをたくさんばらまいている光景を思い浮かべる。
やっぱりこの龍神様には敵《かな》わない。
スケールのデカさを感じるなあ、うん、素晴らしい。

新しい風を入れたければ、先に「空間」をつくること

「独りよがりと帳尻合わせ」の法則

「ガガさん、人間関係について他にアドバイスがあれば教えてほしいです」

聞きたいことは聞いてみる。これもガガに教えられたことの一つだ。口に出さなければ思いは伝わらない。

「そうだな」そう言ってガガは視線を巡らすと、ポンと手を叩いた。

「最近の龍神会議でよく上がる議題があるがね。その話をしてやろう」

龍神会議では、どんな話題が上がっているのか？　気になる。

「『**独りよがりと帳尻合わせ**』の話だがね。人生は必ず、帳尻が合うシステムになっていることは言ったよな？」

「ええ。それが『**世の中の法則**』と」

世の中は、自分のしたことが返ってくる。よいことも、悪いこともすべて。それが「世の中の法則」だ。

「ここでの問題は『**自分のやっていることは、多くの人を喜ばせているに違いない』と思い込んでいるケース**だ」

「いるわね～、そういう人」

ワカがやれやれ、という顔をする。

ガガによれば、厄介《やっかい》なのが「自分は人を喜ばせている！」と信じて、どんどん悪い方に行ってしまう人たちらしい。

世の中によい情報を与えているつもり、誰かのために何かをしているつもりが、実は誰も喜んでいず、むしろ迷惑に思われていたとしたら……。

「もちろん悪気がなく、本当の善意でやっているなら、それほど問題はない。しかし、いつまでも気付かねば、それも悪意の範囲に含まれるがね」

特に気を付けてほしいのが、金銭が絡《から》む問題だ。

ここ数年でクラウドファンディングなどのような、多くの他力を借りるビジネスが増えた。それに自発的に参加すること自体には、何の問題もない。それどころか有名な企業や芸能人が関わっているプロジェクトに資金を出すという形で自分も参加できれば、一種の満足感も得られるだろう。

要は、支援する側が心から満足であれば、何の問題も生じないということだ。

しかし一方で、こんな声が多いのも現実だ。

「心からは応援できないけれども、やらなければ相手に嫌われるのではないか」

「冷たい人と思われるのではないか」

「支援しなかったことによって、関係性が悪く変わるのではないか」

協力を求められた側が、こういったマイナスの感情を持っていたならば、どうだろう？

せっかく支援して「よいことをしたつもり」になっていても、その感情はやがて自分に返ってくるのだ。

「特に、多くのトラブルや人間関係の悪化は、往々にして金の問題から生じるものだ。それだけは肝に銘じておきたまえ」

「まあ、人間はなにかしらの見返りを求めてしまう生き物ですしね。そこにお金が絡めばなおさらです」

僕は頷き、答える。

もちろんお金だけではなく、愛情や時間や言葉、その他、なにかしらの見返りを無意識に求めてしまっているのが人間というものだ。もちろん僕も。

だからこそ、何かを与えられた方は、与えてくれた側に対し、満足を提供する。それは表面上の満足ではなく、相手が心から喜ぶ満足でなければならない。

自分自身がそれをできているのか、独りよがりをやめて少々考えてみよう。

僕がそう思っていると、ガガが人差し指を立てて再び口を開く。

「それから、もう一つ。もらいすぎたヤツは、必ず帳尻が合うようになっている。これは我々龍神の出られる幕でもないくらい、必ず起きるがね」

ガガはそう言うと、僕たちを見回しながら続ける。

「本来、受け取るべきではない物や金を受け取ったり、世間に協力を仰ぎすぎたり、いけないとわかっているのに協力したりを続けると、必ず運の歪《ひずみ》が生じる」

「うわ、マジで？」

僕はブルっと身を震わせる。

「大事な時間を奪われたり、事故やトラブルで予期せぬ金が出て行ったり。まったく違うところで帳尻が合うようになる。これは必ずだがね」

「だからこそ、常に**『世の中の法則』を意識して、常にフェアでいるように心がける**ことが大切ということですね」

「そういうヤツを神様も褒めてくれるし、ここぞという時に助けてくれるものさ」

僕も、もらった以上に相手に喜んでもらえるように心がけよう。

そう心に誓った。

いつでも「世の中の法則」を意識して
フェアでいることを心がける

好きなことは「好き！」と言おう

「つまりさ」

ワカが思いついたように口を開く。

「ガガや黒龍にいろいろ教えてもらったけど、**結局、素直なのが一番**なんじゃないかな」

ワカの言葉が僕の心に、すうっと沁み込んできた。


どうすれば人とうまく付き合えるか。

どうすれば神様に気に入ってもらえるか。

大事なのはそんなハウツーではなく、好きなものを素直に好きと言える心。そして嫌なものは嫌と言える勇気。それだけなんじゃないか。

「ほう。わかっているではないか。こまかく説明してきたわけだが、結局は最初に戻るのだよ」

「『**いのり**』ですね」

僕は、ガガの意図を汲《く》んで言った。ガガも首肯し、続ける。

「いのりで大切なのは、自分の意思を素直に行動に移せるかどうかだ。なりたい自分になるための努力、達成したい目標に向かう姿勢。それを素直に表現することで神様の心にも響く。そして何より……」

「**人の心にも響く**ってこと」

ワカが言葉を結んだ。

逆に、素直に好きなことを好きと言えない人は、「でも」「だって」が多くなる。僕たちがガガから教えられたことについても、「でも」「だって」とできない理由を探しては、やらない。やらなければ幸運だって訪れないのは当然だ。

以前こんなことがあった。

僕が「ゴミを拾うことは、運を拾うこと」と言ったところ、早速、実践し始めた人がいた。数日経って「いいことがありました。これからも運をどんどん拾います！ありがとうございます」と嬉しい報告があったのだ。

ゴミを拾った行為そのものよりも、アドバイスを素直に実践したことが神様に伝わった結果なのかもと思った。もちろんガガも、

「タカや。これなのだよ！ **我の言ったことを素直に『とりあえず、やってみよう』と実行することが幸運につながる**のだよ」

と、喜んでいたほどだ。

そして何より、何を考えているかわからない人よりも、考えていることがわかりやすい人の方が好かれるのは当然だ。だって信用できるから。

「心に正直に生きる」

これこそが人生を好転させる最も有効な方法なのだ。

「考えていることがわかりやすい人」の方が好かれるのは当然。だって信用できるから

5章

「逆境」は飛躍のチャンス

……運命は「立ち向かい方」で大きく変えられる

成功は周囲のお陰、失敗は自分のせい

朝、ベランダに出ると、両手を上に伸ばして「うーん」と伸びをする。手をかざして遠くに目をやると、木々の緑が風でかすかに揺れている。空にはゆっくりと雲が流れていく。

「おはようございまーす」

その声の方向に目をやると、交差点で黄色い旗を持って交通誘導しているおじさんが見える。小学生が元気に挨拶を返し、登校している様子に思わず目を細める。

「そういえば、僕もあそこに立っていたな……」

二〇一一年の東日本大震災で、僕の故郷も住む場所も大きな被害を受けた。

その後の政治のひどさに腹を立てて、「政治家に任せてはおけん」と、何も考えずに宮城県議会議員選挙に立候補したのは、もう十年近く前のことだ。交差点に立ち、必死に手を振っていたのを思い出す。当選する確証など何もないのに、その思いだけでよくあれだけの行動ができたものだと今でも思う……。

そんなことを思い出していたら、ある疑問がふと頭を過《よぎ》った。

「確証もなく……、か」

僕はリビングに戻ると、

「ガガさん。おはようございます」

と寝室に向かって声をかけた。

「何かね？　我はまだ眠いのだよ」

ワカが眠い目をこすりながらベッドに置き上がり、ガガの声を仲介してくれる。ごめんね、寝てたとこ。

「質問なんですが、僕への質問で多いのが『これは正しいですか？』『こう感じたのですが大丈夫でしょうか？』というものです。みんな自分の感覚が信じられなくて僕たちに聞いてくるのですが」

僕はそう言ってから、腕を組んで首をひねる。

「なんで自分の感じたこと、というか、自分のやりたいことを素直に信じないんでしょうか？」

「我の眠いという苦情はスルーかね？」

はい。ガガさんの苦情に付き合うと長いので、と心の中でペロリと舌を出して話を進める。

「まあ、いいがね」

ガガはふん、と鼻を鳴らして話を始める。

「その理由は大きく分けて二つ。一つ目は『**失敗するのが怖い**』。二つ目は『**なりたい自分がわからない**』ことだ」

ガガはそう言って説明を始める。僕はノートを広げ、ペンを構える。

「失敗するのが怖いヤツは、失敗した理由を自分からできるだけ遠ざけたがるのだ。あくまで、行動したのは『○○に言われたから』と、他人のせいにする理由をとにかく探す」

「うまくいかない時は、その人のせいにすればいいわけだ」

「責任を負わない人の典型じゃん」ワカが嘆かわしいと首を振る。

「この手のヤツは往々にして『成功は自分のお陰、失敗は他人のせい』と自己防衛をする場合が多いのだ」


「では、二つ目の『なりたい自分がわからない』という人は？」

僕は続きを促《うなが》す。

「このタイプのヤツは、明確なゴールがイメージできていないから、実際に行動しても、それがよかったのか悪かったのか、判断がつかん。しかも、ゴールがわからんから、行動が持続しないのだ」

「どこがゴールかわからないマラソンを走り続けるようなものね。いつまで頑張ればいいのかわからないから、やる気も持続しないわけだ」

ワカがうんうんと頷く。たしかに、そのたとえはわかりやすい。

「では、そんな人が自分を信じるために必要なことって、なんでしょう？」

僕は率直に聞いてみた。

ガガによれば、大事なのは次の二つ。

・明確な目標（なりたい自分）を持つ
・とにかく行動する

この二つを心がければいいそうだ。

それは「自分がやりたい」ことか？

その先に「なりたい自分」はあるのか？

それを明確にすること。

だから、「あ、これは吉兆《きっちょう》だな」と感じて、それを信じることで心地がよかったり、いい気分になれたりするのであれば、それが「なりたい自分」。大いに自分の感覚を信じればいい。

逆に「これはやめた方がいい？」と、違和感を覚えたなら、やめることによって「理想の環境」を手にすることにつながるはずだから、やめる。まずは自分の感覚を信じてみればいいのだ。そして後は、自分の感覚に沿った行動をすればいい。
その行動の繰り返しが、**自分自身を信じる感覚**を養っていく。そして**本当の自信**へと繋がっていくのだ。

「誰だって、はじめは自信などないのだよ。どんな偉大な成功者も不安を抱きながらも、明確な目標と行動によって払拭《ふっしょく》してきたのだからな」

ポイントは、成功したら「神様のお陰」と感謝の気持ちを持つ。
失敗したら「自分のせい」と反省と改善を忘れない。

その繰り返しが自信となり、神様との距離をグッと縮めることになる。
だって自分の感覚を信じることは、神様を信じることとイコールなのだから。

「自分の感覚を信じること」イコール「神様を信じること」

「言い訳」は百害あって一利なし！さて、その理由とは……

「言い訳する人って、結局は自分を信じてないってことなのかしら」

考え込みながら、妻が言う。

「たしかに、言い訳にはそういう側面もあるだろう。どこかで誰かや何かのせいにしているわけだからな。自分の責任を回避すれば、まあ一時の保身にはなるがね」

自分に非がないということは、直すところがないということ。

どこも直さなければ同じ失敗を繰り返すだけだし、決して成長することはない。

「しかし、それはまだ可愛い方だがね。そもそも本気で言い訳するヤツは、実に厄介な生き物なのだよ」

とガガが話を続ける。

「そういうヤツは負けを認めんのだ。**負けたことがある、ということが人生を大きく好転させる**ことも知らずにな」

ガガがそう言い放つ。

誰かと勝負して負けた。

挑戦に失敗して負けた。

試験に落ちて負けた。

好きな人に振られて負けた。

試合に負けた。

生きていれば、誰しもそんな経験があるだろう。

かくいう僕も、子供の頃から負けっぱなしの人生だった。

水泳では、練習でいつも勝っている相手に大会で負けた。

野球部では万年補欠だったし、受験にも失敗した。

前述の通り、選挙に出て大敗も経験した。供託金《きょうたくきん》（選挙に立候補するために必要なお金。有効投票総数に対して一定の票に達しない時には、没収される）すら戻ってこないほどの負けっぷりだった。

そう、負けっぷりでは誰にも負けないかもしれない（何の自慢だ）。

だけど、これは僕だけではなく、世の中で成功者と呼ばれる人たちも皆、何かしら大きな負けを経験しているのだ。つまり、世の中で負けを経験していない人などいない。

だけど、成功する人とそうでない人では、決定的な違いがあるという。それが……。

「**大事なのは『きちんと負けたか？』ということ**だがね」

「と、言うと？」

「あれが足りなかったから。これをしなかったから。もう少しこうやっていれば……など、言い訳が思いつくうちは、まだやり残したことがあったのさ。本気でやっていないから、いつまでもあきらめがつかんのだ」

「わかるわ。後悔なく動いた後は、ダメでも変にスッキリしてるもん」

「さよう。**言い訳する心の底には、『ちゃんとやれば勝てた』という思いがあるのだよ**」

その一言に僕は膝を打つ。なるほど、そういうことか。

「**言い訳なんか思いつかないくらい真剣に物事に取り組んで、グウの音も出ないほどに負けた時、本当に負けを認めることができるんですね**」

「完全に自分の負けとなったら、あきらめもつくもんね」

ワカが言った。

「その通りだ。だからこそ、言い訳は『真剣に取り組んでいない』と言っているに過ぎん。しかも、言い訳ほど見苦しいものはないがね」

たしかに、その通り。

「**言い訳は百害あって一利なし**、ってことね」

ワカがピシャリと言い切った。

言い訳できないほどに真剣に取り組んで負けることで、初めてその道をあきらめて他の道に進むことができる。

もしくは、根本的に違う方法を模索《もさく》することができるのだ。

成功者は、真剣になった数だけ負けを経験し、そして根本から自分を見つめ直すことを繰り返してきた。

負けて負けて負け続ける中で、本当の自分の道が見つかるはずだから。


言い訳ができないほど「真剣に取り組んで負ける」。

すると、他の道も拓けてくる

いわゆる「陰陽の法則」って、何？

「僕も言い訳が出ないほど、何事にも真剣に取り組もう！　そうやって魂を成長させれば、運もどんどんよくなるはずだし」

僕はそう言ってイヒヒと笑った。

「まったくタカはセコい男だがね」

「ホント。最近、いいこと続きだからって図に乗っていると、きっと悪いことが起きるわよ。いいことがあれば、悪いことも起きるって言うじゃない」

ガガとワカが気勢を削《そ》ぐように言う。

「ええー？　そんな縁起でもないこと言わないでよー」

僕は泣きそうになる。

しかし最近、妙にツイてるのも事実である。

美味しいみかんが食べたいなー、と思っていたらお歳暮で本場愛媛のみかんが届いたり、買い物先で美味しい明太子がないと残念がっていたら、翌日にこれまた本場福岡の明太子が送られてきたり！

年末の運試しに有馬記念の馬券を購入したら一番人気の馬が飛んで、快心の単勝大当たり。その払い戻し金で、ワカと久々の外食に出かけた。

そう、今の僕はツイてる。だけど「その分、悪いことが起きるかも」なんて思ったら……。

い、嫌だ！　僕はブルっと身を震わせた。

皆さんもそんなふうに思うことはないだろうか？　あまりにもいいことが続くと、その分悪いことが待ってるんじゃ、と心配になること。

「ガガさん、助けてください！　僕が何をしたっていうんですか！」

僕は悲鳴を上げる。ああ、悪いことは起きてほしくない！

「タカや、ちょっと落ち着きたまえ。まあ、たしかにおまえはいつも我をイジメるから、少しくらい悪いことが起きてもやむを得ないがね、カカカ」

「そんなあ〜」

「しかし、我は優しいからな。どんなにひどい目に遭っても救いの手を差し伸べるのだよ、カッコいいだろう！」

ガガは、やたらと胸を張る。

「わー、ガガってさすが！　なんて優しくてカッコいいわけ？　ひゅーひゅー！」

ワカが僕に目配せしながら、ガガを盛り立てた。

なるほど、褒めろということか！

「ガガさんは本当にカッコいいです！　なんといっても白龍だから……餅のように白いし、黒龍さんがいろいろ教えてくれるから博学だし、それから、え〜と」

カーっ！　ワカが般若のような顔で僕を睨んだ。

「まあ、タカの褒め方は、おいておいて。ねえガガ、実際、そのへんは、どうなのかしら？　『陰陽の法則』っていうか、『いいこと』と『悪いこと』のバランスってあるわけ？」

気を取り直してワカが尋ねると、ガガはニヤリと笑う。

「**陰陽の法則はある**がね。**世の中の出来事は、いいことも悪いことも、すべてがいいバランスでやってくる**」

「えーっ！　やっぱり……」と、僕は頭を抱えた。

「まあ、聞くがね」

ガガが説明を始めた。

「世の中はすべて、陰と陽で成り立っているがね。何事にも光と影がある。太陽神アマテラスが生まれた時も、同時に夜を司るツクヨミが生まれたのだよ」

「太陽の光が射せば、そこに必ず影も生まれるというわけね。朝があるから夜があるように」

「さよう。西洋ではこの法則を善と悪と考えるが、東洋では**対極にあるものが、ただバランスを取っている**と考えるがね」

「そう言われれば、たしかに西洋の映画なんかでは、善と悪という構図が定番です」

登場人物が善と悪に明確に分けられるのが、西洋の映画の特徴でもある。僕は映画が大好きだから、古今東西、そして今昔《こんじゃく》問わず様々なものを観るのだ。

「じゃあやっぱり、いいことばかりが起きる人生はないんでしょうか？　いいことがあれば、悪いことがあるのは仕方ないと……」

「まあ、最後まで聞きたまえ。結論から言えば、心配することはないのだよ。大きいいいことがあったからといって、その分、悪いことも大きいとは限らんがね」

ホッ、よかった。

ガガの言葉に僕は胸を撫でおろした。

そして、最近の出来事を振り返ってみた。

最近の僕はたしかにいいことがあったが、悪いことがまったくなかったわけではないと気付いた。車で出かければ大渋滞にハマり、お店に入れば前のお客さんがトラブっていて長いこと待たされたし、勧められたラーメン屋に行ったら臨時休業だったりもした。

そんな小さな「ありゃっ」が結構あった。バランスというのは、もしやこれだろうか。

「いいことが続いたとしても、むやみに怖がることはないがね。その分、**悪いことは分散して清算**してくれるがね。それなら心配もないだろう?」

ああ、それは助かる。それなら、ちょっと安心だ。

「じゃあ、小さな『ありゃっ』があったら、『あ、悪いことをうまく分散してくれてるな』って思えばいいんですね」

「そうなのだよ。そして、そこで絶対にやってはイカンのが、『ああ、私って運が悪い』と思ったり言ったりすることだ。もしそんなことを言えば、そのバランスが崩れ、天秤《てんびん》が悪い方向へとグッと傾く。悪い方向へと運が引き寄せられてしまうがね」

「運の悪いことを願った格好になっちゃうわけね」

ワカが顔をしかめる。

「**いいことがあったら、周りの人や神様にありがとう。小さな悪いことがあっても、その分いいことがあるはずと気を引き締める。**『陰陽の法則』は、そうやってうまく活用すればいいのだよ」

世の中、いいことばかりが続いたって何の問題もない。

大切なのは小さな「ありゃっ」に、いちいち目くじらを立てたりしないこと。

「そんなこともある」くらいに流すことで、悪いことは分散され、いいことが起きる下地ができあがっていくのだ。


いいことがあったら「ありがとう」と感謝の気持ちを忘れない。

悪いことは「そんなもの」と、軽い気持ちで流してしまう。


うまく運を回す人がやっている「秘訣《ひけつ》」である。

小さな「ありゃっ」にいちいち目くじらを立てないこと

「羨ましい」と思った後の行動で人生は変わる

「ねー、タカもパン食べる？」

気付けば、ワカが台所でコーヒーを淹《い》れている。そして、食パンをガサガサと出す。

小腹が空《す》いたから、ありがたい。僕は喜々として答えた。

「うん、食べる！　あ、こないだつくったマーマレードも欲しいな」

先日、もらった愛媛のみかんがとても美味しく、昔ながらのその皮が「ねえ、私、マーマレードになりたいの。ワックスも使ってないから安全よ」と、言っているように感じたワカがつくったのである。

「やっぱり市販のものとは一味違うよね」

トーストにマーマレードをたっぷり載せて、僕はかぶりついた。ウマい。みかんの香りとほのかな苦みが口の中に広がる。また、バターとの相性もいいんだ、これが。

「おい、我も食べたいがね」

「はっ?」

「だから我も食べてみたいのだよ! そもそも、おまえらばっかりズルいがね。ウマいものを食べてばかりで不公平だがね! 羨《うら》ましいがね!」

ガガが苦情を申し立ててきた。

「でもガガ、龍神は人間の食べ物、食べられないじゃん。そもそも実体っていうか、肉体がないんだし」

ワカはそう言いながらも、「んじゃ、せめて匂いだけでも」と、手で煽《あお》ってトーストの香りを飛ばす仕草をする。小野寺家のリビングでは、日々このような、なんとも奇妙なやり取りが繰り広げられる。

「というか、他人を羨むことって、あんまりよくないんじゃないですか?」

小さい頃から「人のことを羨ましがるのは、いけませんよ」と教えられてきた気がするけど。

さて、龍神様の見解はいかに？

「羨ましく感じること自体は悪いことではないがね。**嫉妬する気持ちは『自分もそうなりたい』という向上心があるということの裏返し**でもあるからな」

ガガがそう言い切った。たしかに言われてみれば、そうかもしれないな。

思えば僕も小さな嫉妬を力に変えて、ここまで来たような気がする。

「今に見ていろ、俺だって」って感じだ。ちょっと古いけれども。

「しかし、その後の行動次第で運命がはっきりと分かれるのだよ。そのことを覚えていてほしいがね」

「ははあ、羨ましいと感じた後にどんな行動を取るかで違ってくるわけですね」

僕の言葉にガガが頷いた。

「うむ。羨ましいと感じたその後の行動は、大きく二つに分けられるのだよ」

そう言ってガガは指を一本、二本と立てた。

「一つ目は、『**羨ましい。なんであの人ばっかり**』と他人の成功を羨ましがりながら、結局何もしないタイプ。二つ目は、『**羨ましい。でも、私も負けずに頑張ろう**』と思って、何かの行動に移すタイプだがね」

ガガによれば「羨ましい」という感情は向上心に繋がるから、まんざら悪いものではないらしい。

その感情を原動力にして、自分を成長させてきたものが成功者となる。嫉妬心は成功するための必要条件とも言えるわけだ。だけど、

「運がよければ」

「チャンスさえあれば」

と言いながら、自分では何もせずに終わる人は、成長することはない。

当然、神様からも見放されるのがオチみたいだ。

だから、もしも今この本を読んでいるあなたが二つ目のタイプならば、とにかくどんどん行動に移すことをオススメする。

「自分だって、できたかも」

と思うようなことなら、多くの場合、案外自分でもできたりするのである。「ああ、あの時やっておけば」と後悔しないよう、まず動いてみたほうが絶対いい。

コンクールで受賞した人を羨ましいと思ったら、すぐに自分もチャレンジしてみる。資格を取って、バリバリ働いている人が羨ましいと思ったら、自分も資格取得に挑戦する。

年齢の問題など、どうしても今からでは間に合わないこともあるだろうが、そんな時は、それを心に刻み、次にそんな後悔をしないように生きていく。

ちなみに、僕の母は僕たち三兄弟の子育てを終えると、大学に入った。ずっと勉強したいことがあったが、早くに家庭を持ったため、時が来るのを待っていたそうだ。「タカ、お母さん、大学生になったのよ。夢が叶ったわ」と、知らせが来た時は「ホントにやったのか！　スゲーな」と、心底驚いた。また、同時にそんな母を誇らしく思った。

そうやって、「いいな」「羨ましい」を自らの成長に繋げることができれば、嫉妬は「成長の種」にもなるのだ。

「じゃ、『マーマレードを塗ったパンが食べたい』っていうガガの気持ちも向上心の表われってことね」

コーヒーを啜りながら、ワカが言う。

ガガが一瞬、黙った。そして静かに語り始めた。

「さよう。正直に言うと、我は人間が羨ましいのだよ。実体があるから、何でもできるではないか。好きなものを食べることも、味わうことも、暑さや寒さを感じることも、何かに挑戦することも、それから恋もな」

ガガの語りに、僕たちは神妙な面持ちで耳を傾ける。

「痛いとか、痒《かゆ》いとか、そんなことすら我々は感じられんのだよ。だからこそ、我はこう思うのだ。人間よ、せっかく人として生まれたのだから、思う存分、人生を楽しんでほしいがね。そう、我ら肉体を持たぬものの分までな」

「ガガさん……」まさかガガが、そんなことを思っていたなんて……。

グッときた。胸が熱くなるのを感じた。

「僕たち、ガガさんの期待に応えられるよう頑張りますから！」

僕は叫んでいた。ガガさんの思いを無駄にしないためにも……。

するとガガは「ならば」と言葉を継いだ。

「そんなわけだから、タカや。早く我がパンを味わうための方法を考えたまえ。我は進化するのだよ。さあすぐに！」

いやいやいやいやいやっ！　今のシリアスな感じは一体何だったんですか？

まったく偉大な龍神様は違う。


「人間だからこそ味わえること」を存分に楽しむのが吉！

神様に「一発で見放されてしまう」行動って？

何かに気付いたように、ワカがポンと手を叩いた。

「ちょっといいかしら？　今の話で疑問が浮かんだんだけど」

「何かね？」

「前にガガは『嫉妬するヤツは一発で神様に嫌われるのだ』って、そう言ってたじゃない？」

そういえば僕もそんな話を聞いた気がする。

「だけど今の話を聞いて思ったのよ。嫉妬しても行動に移さない人は成長はしないけど、それだけで即、神様に嫌われるってのも、ちょっと乱暴じゃない？」と妻は続けた。

たしかに、いつまでも行動しないことを繰り返していれば、いずれは神様に嫌われるかもだけど、一発で嫌われるほどの即効性はないような気がする。

それを聞いたガガの目がキラリと光った。

「ややや っ! いいところに気付いたではないか! 実は、嫉妬に駆られた人間が起こす行動のパターンがもう一つあるがね」

「そ、それってどんな行動でしょう?」

うう、コワい。嫉妬心から、神様に一発で見放されてしまう行動。これは知っておかなければいけない。

「相手を陥れようとすることだがね」

「ははー、成功した人の足を引っ張ってやろうとか、そういうことですかね?」

「そうだ。いくら嫉妬を感じても、先に話したように『負けないように頑張ろう』と、前向きな行動に出ればまったく問題はない。むしろ神様にも好かれるだろう」

だが、とガガが続ける。

「相手を陥れてやろう、嫌な思いをさせて傷つけてやろう、相手の悪口を広めてやろう。そんな行動に出ればその瞬間、そいつは神様にも龍神にも嫌われるがね」

「その瞬間、ですか？」

僕の言葉にガガが片方の唇を上げ、

「なんせ我々は見切りが早いからな。捨てる時は、ハイ、サヨナラなのだ」

と言い切った。

そ……それは気を付けねば。僕は気を引き締めて背筋を伸ばす。


「羨ましい」と感じた時に人が起こす行動は、三つ。

一つ目は、その対象に負けないように自分を成長させる行動を取ること。そういう人が神様に好かれるのである。何より、自分自身が成長できるので、こんなによいことはないだろう。

二つ目は、羨ましがるだけで何もしない。そういう人は、いつまでも成長することはできない。だんだんと愚痴も多くなり、いずれは神様にも見放されてしまうという。

そして、三つ目が羨ましいと感じる対象を陥れること。これは完全アウトだ。神様には一発で見放される。「即」だ、猶予《ゆうよ》はないらしい。

それをしたら神様に見放され、自分の成長もない。それどころか、周りの人たちからの信用を失い、嫌われるから、いいことは何一つない。

「まあ、そんなわけでだね……」

ガガは窓の外へ目をやり、「では我はこれから買い物に行ってくるがね」そう言ってふわりとベランダの方へ移動した。

「ちょっと、どこ行くわけ?」

ワカが聞くとガガは「ふうむ」と間を置いた。

「最近、黒龍の人気が上がっているのだよ。これは由々《ゆゆ》しき問題だがね」

それは僕も思っていた。最近、「黒龍さん、好き」っていう声が増えた気がする。

「あらま、ガガ。もしかして黒龍さんに嫉妬してる?」

ワカが聞くとガガは「クワーーーっ!」と、大口を開けた。

「我は偉大な龍神なのだよ。黒龍如きに本気で嫉妬するわけがなかろうが! 今日は龍神くれじっとかーどで、メガネと黒いコートを買ってくるだけだがね!」

「それって黒龍さんのファッションの真似では……？」

黒龍さんは、メガネに白衣がトレードマークになっている。

「べ、別に黒龍のスタイルを真似ようとしているわけではないがね！　あくまでも、ふぁっしょんなのだよ、ふぁっしょん！」

慌ててそう言ったガガの姿に、僕たちは思わず噴き出した。

それがガガの「黒龍には負けない。いつも上を行ってやろう」という気持ちの表われなのかもしれない。

「羨しいと感じる対象」を陥れることは完全アウト

噂話の吹聴で「幸運貯金」はマイナスに！

「ねえ。天気もいいし、散歩に行かない？」

というワカの一言で、散歩に出かけることになった。

世間は休日である。せっかくだからと、賑わう街中へ足を運ぶことにした。アーケード街には人が溢《あふ》れている。僕はこういう賑わいがとても好きだ。行きつけのカフェに入ると窓際に座った。

「タカはカフェラテよね？」

と、カウンターへ向かうワカに、僕は「サンキュー」と言葉をかける。

窓の外には休日に友達とウィンドウショッピングを楽しむ女の子や、子供の手を引きながら家族サービスするお父さんの姿なんかが見える。この一人ひとりに生活があり、それぞれの人生があるのだな。そう考えると、ちょっと感慨深い。

「はいよ、お待たせ」

ワカがトレイにカップを二つ載せて戻ってきた。

「それにしても並んでいて思ったんだけど、誰かの噂《うわさ》話をしている人って多いのね。近所の家庭のことを勘ぐったり……。そんなこと、どうでもいいじゃないの」

と、声を潜《ひそ》めて目線を後方へやった。

「まあ、そうだね。人って噂話が好きな生き物だから、仕方ないんじゃない？　聞いてて気持ちのいいものじゃないけど」

僕はそう言って、カフェラテに口をつけた。噂話は大体が悪口へ繋がっていく。すると、

「そうなのだよ！　噂話をすると、結局、自分が損をしてしまうがね！」

と、ガガが会話に入ってきた。

「あら、ガガ。いいメガネは見つかった？」

「それがだな、我にメガネは似合わんということがわかったがね。それに、よく考えたらハンサムで知的な我が、今さらメガネをかけたところでイメージが変わるものではないしな」

ガガは自信満々に言う。どうやら「ガガさんには似合いませんよ」と周りの龍神に止められたらしい。うん、僕もそう思う。

「ところで噂話で損をするって、どういうことでしょうか？」

僕はさりげなく話を戻した。

「うむ。いい話なら問題はないのだよ。もしも当人の耳に入っても悪いことはないからな。**三角褒め**と言って、知らぬところで褒められたり、いい評判を聞くというのは噂される本人にとって実に嬉しいものだがね」

しかし、とガガは続ける。

「悪い噂ならどうだね？　当人の耳に入ったら、もちろんいい気はせんし、もしもそれが根も葉もないことならば大いに傷つくだろう」

「たしかに第三者から聞かされる悪口ほど、嫌な気持ちになるものはないわ」

ワカが顔をしかめた。彼女は濃いめのブラックコーヒーだ。

「そして何よりも、噂話をした本人が損をするのだよ。なぜなら、無意識のうちに人を貶《おとし》めているのだからな」


これは、よく考えればわかることである。

噂というものには、往々にして悪意が込められていることが多いのだ。

「あの人、◯◯らしいわよ、嫌ねえ」

「ねえ、知ってる？　彼って◯◯してたことがあったみたいなの」

「ご近所のあの子、◯◯に行ってるんじゃないかしら」

らしい。

みたい。

かもしれない。

そんな言葉が添えられて、噂というのはどんどん広まっていくのだ。

「しかもこれらは、見る側の勝手な想像でしかないがね。想像が想像を呼んで、根も葉もないことが大きく膨れ上がる場合もあるのだ」

ガガは嘆かわしそうに首を振る。

「あ～ヤダヤダ。こうやって知らず知らずのうちに他人を貶めているわけね。私もますます気を付けなくちゃ。知らずにやってる場合もあるし」

「そうだね。『世の中の法則』に則《のっと》って、自分をも貶めていくことになっちゃうし……」

せっかく貯めた運貯金を、そんなことでどんどん吐き出してしまうなんて、不本意すぎる。


「ペラペラと噂話を吹聴《ふいちょう》するヤツは、どんどん運気を落としていく。必ずな。しかも、噂話をし合う仲間というのは往々にして脆《もろ》いものだ。たった今、一緒に噂話をしていたヤツが、明日には別の場所でおまえの噂をするかもしれん。噂話、悪口を陰で言っている仲間なぞ信用がおけるかね」

お互いに噂し合い、悪口を言い合って、いずれ運気を落としていくだけ。

たしかに人の噂や悪口を言うことは、人間にとって心地のいいものでもあるのだろう。

酒の席でも、悪口が出ないことはない。

もし、そんな悪口ばかりが出そうなメンバーに呼ばれたら、できるだけ参加しないことが賢明な判断だと思う。

もし、参加せざるを得ない場合は、人のいいところを話すのに徹するといい。

悪口を止めることを僕は強くオススメする。

「そんなこと言っても、場の雰囲気で……」という場合もあるだろうが、それにしたって、やめたほうがいい。あなたが悪口を肯定した瞬間、共犯者にさせられるかもしれないのだ。

もしもするなら、他の場所で「○○さんもそう言ってたよ」と、自分の名前を出される覚悟はした方がいい。

するとガガは、自分を指差しながら声を大にして言う。

「どうしても噂話をしたくなったら、我がいかに偉大な龍神で、どんなにカッコいいかを噂したまえ！　間違っても黒龍の噂などしてはいかんがね」

「なんかずいぶん、黒龍さんを意識してません?」

笑いをかみ殺して、僕は言った。

「いい噂ばかりで、ますますヤツの人気が上がったら我が実に困るのだよ。神様からのオファーがなくなったら、おまえら、どう責任取ってくれるのかね?」

そう言って地団太《じだんだ》を踏むガガに、僕たちはますますおかしくなった。


今日から一切の悪口をストップ!

人の「いいところ」に注目!

「何が幸いするか」は、意外とわからない

「だけどガガさんの言う通り、いい噂話だったらウェルカムだよね」

僕はそう言いながら右足を指差し、「そのお陰で、いい病院も見つかったし」と続けた。

「病院？　ああ、足のケガの話ね？」

「そう。あの時は『なんて運が悪いんだろう』と思ったけどね。ケガの功名《こうみょう》ってやつかな」

ちょっと前にケガをした時、僕はとてもいい外科を見つけていた。その外科の「いい噂」のお陰で、ミラクルを起こした話があるのだ。

ガガが鼻をほじりながら、言う。

「あれはタカがバカなだけだがね」

ま、それは認めるけれども、それにしたってケガの功名だったのだ。

僕は回想する。

そう、あれは数カ月前のこと……。


「……で、気付いたら足が痛かったわけね」

妻ワカが笑いをかみ殺しつつ、聞いてくる。

「まあ……そういうことだね」

僕は痛みをこらえつつ、そして同時に苦笑しつつ答えた。

「タカや、おまえはなぜそんなにバカなのかね?」

ガガは半ば呆れたように、そう僕に声をかける。

「いやあ、自分でわかれば苦労しないんですが……」

と、僕は頭を掻いた。

どういうことかというと、こうだ。

僕はその前日まで、東京にいた。もちろん取材も兼ねてはいたが、行きたいところに足を運びたいと、あちこち歩きまわったのだ。ちなみに、妻はその日は仙台で留守番をしていた。

いつもは妻と一緒の僕。そして、東京だと担当の編集者と一緒のことも多いのだが、その日の僕は一人だった！　すなわち、自由だ！

束《つか》の間の自由を手に入れた僕は、ホクホクしながら思考を巡らせた。

よし、行きたいところ全部行こう！

昭和天皇が眠る武蔵野御陵《むさしのごりょう》はもちろん、大好きな日本橋周辺の神社だけでなく、前から行きたかったおそば屋さんや、神田の鰻《うなぎ》屋さんにも足を運んだ。

武蔵野御陵の帰りには、「日野」という駅が目に留まり日野駅で途中下車。だって日野は、学生時代から大好きだった司馬遼太郎《しばりょうたろう》さんの『燃えよ剣』の主人公、新撰組副長の土方歳三《ひじかたとしぞう》の生まれ故郷で、それを見た僕はもうウキウキが抑えきれず、つい降りてしまったのである。

まあ、なんか小難しいこと言っているが、好奇心に駆られてせわしなく歩き回っていた結果、気付いたら「アレ？　俺ちゃんと歩けてなくね？」と、右足を引きずっていたのである！

ちなみに単純に歩きすぎであった。子供の頃も足が痛くて、母と一緒に病院に行ったら、遊びすぎですから少し休むように、と言われたことがある。

それ以来、ワカやガガには何かにつけてイジられているのだ。

そんな出来事を思い出しつつ、

「ま、話を戻すとですね。僕が運悪く足を痛めたお陰で、『あの病院いいわよ』という噂を聞き付けたわけです。で、行ってみたら本当にいい病院でよかったなあってお話でしたよね」まとめる僕。

「で、その噂を聞き付けた私の母が行ってみたら、今までの病院では見つからなかった疾患が見つかった。あれは本当に助かったわ、ありがたや～」

ワカがホッとしたように言い、胸の前で手を合わせる。

「そうなのだよ。**人間生きていれば、何が幸いするかわからん**がね。それを人間如きが勝手に『運がいい』とか『運が悪い』とか決めつけるなど、くだらん」

「たしかに僕も、足をケガしたことにだけ焦点を当てて、運が悪いと決めつけてました。だけど、家族全体で考えればよかったとしか言いようがないですね」

僕が言うとガガが「当然だ」と鼻を鳴らす。

「起きた出来事は、ただの『結果』に過ぎんのだよ。それを運がいい出来事にするか、悪い出来事にするかは、そいつのその後の行動次第。如何様《いかよう》にも変わるのさ」

起きた出来事はただの結果。その結果をどのように次に生かすか、生かせるかで、その出来事の価値は大きく変わる、か。

何より神様が「遠回りでも最もいい結果が出るように」と、導いてくれていることも多いのだ。

それを、自分の想定していた展開とは違うからという理由で「運が悪い」と決めつけてしまっては、神様も「え～？」って感じだろう。信じてくれないならもう助けたくないと、そっぽを向いてしまうかもしれない。

かくいう僕も、数々の失敗を貴重な経験や人脈に繋げていき、その時は運が悪いと思うような出来事を「運のいい出来事」に変えてきた。だからこそ……。

「僕のケガも役に立ったんですねえ」

僕はうんうん、と頷きながら言った。すると、

「しかしだ！」とガガが言葉を続ける。

「タカがバカだということは、間違いないのだ。少しは自覚したまえ」

うっ!?

「そうよ。タカは夢中になると、目の前のことしか見えなくなるんだから。だいたい二日で二十キロは歩きすぎでしょ。しかも革靴で。ホントに、しょーもないわねえ」

うっ、うっ!?

矢継ぎ早に攻められる。

はいはい。そこんとこは、ちゃんと自覚していますので……。

たとえ遠回りに思えても、神様は「最もいい結果」に導いてくれる

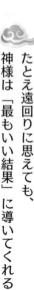

神様が与えるそれは「試練？」それとも……

カフェからの帰り道、僕はふと閃いて声をかけた。

「『運が悪い』とその時は感じても、それがどんな幸運に繫がっているかはわからない。まずは行動に移すことが大切ということはわかりました」

僕はそう言うと、一つ間を空けて続けた。

「だけど中には、どんなに頑張ってもうまくいかないこともあります。そんな場合は『神様が試練を与えた』というふうに考えていいのでしょうか？」

「それについては私がご説明致しましょう」

爽《さわ》やかな風と共に黒龍が現われた。そしてゆっくりと説明を始める。

「神様が意味のない試練を与えることはありません。**人が試練と感じるものは、その人自身の成長に必要なもの**と考えていいでしょう」

「成長のため？　それは例えば、筋肉を付けるためのトレーニングみたいなものでしょうか？」

　筋肉を付けるためには、その筋肉に負荷をかける必要がある。すると、人生に適度な負荷をかけることで、その人自身が成長していくということか。

「仰る通りです。ですから**『越えられない壁』というものはありません。**神様はちゃんと越えられる壁しか与えませんから」

　僕はそれを聞いて、イチローの言葉を思い出した。

「壁というのは、できる人にしかやってこない。越えられる可能性がある人にしかやってこない。だから、壁がある時はチャンスだと思っている」

　なるほど。イチローはそれをしっかりと理解していたわけだ。

　僕が深く頷くと、黒龍は意外なことを言い出した。

「それに不安を感じることは、決して悪いことではないのです。いえ、それどころか成功するための必要条件と言っていいでしょう」

「えっ!? それはどういうことですか?」

僕は驚きの声を上げた。黒龍は、「これは、私が長く人間の歴史を見て気が付いたことでもあるのですが」と前置きしてから説明を開始する。僕は耳を傾ける。

「**成功者と言われる人ほど、大変な心配性**でした。その上で、とても頭がよかった。考えてもみてください。心配事とは、まだ起きていないことの『想像上の出来事』でしかありません。つまり、**それだけ想像力や発想力がある**ということになるのです」

なるほどな。言われてみれば、そういう考え方もできる。

そして、実際に調べてみて驚いた。フランスの児童精神科医オリビエ・ルヴォル氏の研究によれば、実際に「IQ値の高い子供ほど、心配性」という結果が出ているのだ。

「ですが、大切なのは、この後の行動です。そこが成功する人としない人を大きく分けるのです」

「その行動とは？」僕は姿勢を正して耳を傾ける。

「不安に備えた行動ができるか？　その一点に尽きます」

「つまり心配ばかりして何もしないか、その不安を解消すべく行動に移せるかということね」

ワカが声を上げると黒龍は「そうです」と頷いた。

「不安に思うだけで何も対応策を取らなければ、それこそただの心配性で終わってしまいます。ですが、『心配だから予防策を講じておこう！』『失敗しないように対策を打とう！』という行動を取れる人は、成功にグッと近づいていくのです」

そして、**心配事に備えた行動を取ることで、日々の心配のタネは嘘のように少しずつ消えていく**という。

「心配だから何もできない」、ではなく、「心配だから考えてしっかり動く」にチェンジする。備えあれば憂いなし——これはまさに人生においても大変役に立つ言葉ではないだろうか。

「そっか。じゃあ**行動力のある心配性こそが最強**というわけね」

「行動力のある心配性って、なんか面白い言い回しだね」

　ワカの発言に僕は思わず笑った。


　不安という感情は、神様が与えてくれる試練を乗り越えていくための備えでもある。いや、そもそも試練というよりもエクササイズと言った方が適切かもしれない。そう、人生のための筋肉を付けるエクササイズだ。

　そして「ここの筋肉が弱いな」「この辺りに筋肉を付けた方がバランスがいいな」と気付くために必要なのが不安という処方薬というわけだ。


「だからこそ、我は行動するのだよ。黒龍人気に負けぬようにタカを叱咤《しった》して、我をカッコよく書かせるのだ。タカや、しっかり仕事するがね」

「えぇー？　結局、僕が働かされるわけですか？」

　情けない顔で、僕は自分を指差した。

「当然だがね！　さあ早く、しっかりやるがね」

「タカさん、私のこともどうぞよろしく」
白と黒の龍神様が矢継ぎ早に言ってくる。
横ではワカが、「さ、仕事、シゴト！」とせっついてくる。まったくもう。

そして、もしかしたら**不安よりも「楽しそう」が優先されれば、自然と行動に移せる**のかもな、と思う。

「楽しそう」という感情は、人間が行動せずにはいられなくなる、不安を克服する最強の感情なんじゃないだろうか。よし、そのあたりを最後の章でガガと黒龍に詳しく聞いてみよう。

だけどその前に、一つだけ大事な話をさせてもらいたい。なぜならどんないい話を聞いても、これを忘れてはすべてが無駄になってしまうからだ。

さて、その話は僕の懺悔《ざんげ》でもあるのだが……。

「行動力のある心配性」こそが最強！

大事なことに気付かせてくれる「神様の本当の優しさ」

神様はこうやって、いつも僕たちの知らないことを教えてくれます。

人生をより楽しく生きられるように。

人生を通じてより大きく成長できるように。

日本の八百万の神様は、僕たちのことを周りで常に見守り、時に優しく手を差し伸べてくれたりするのです。

だけど……。
僕たちがそんな**周りに対する感謝の気持ちを忘れると、とっても痛～い出来事で思い知らせてくれる**ことを、やはり付け加えておかねばなりません。

あれはちょうど一年前、僕たちが最も頼りにしている戸隠《とがくし》神社へ毎年恒例の参拝に訪れた時のことでした。

参拝中も頻繁《ひんぱん》にスマホに目を落としてはSNSの反応ばかり気にしたり。参拝に行くのに、他の神社の御守りの鈴をちりんちりんと鳴らしていったり。

「今ある環境が当たり前」になりつつあった僕の心の隙間《すきま》を見抜いたのでしょう。

「『感謝』の反対語は『当たり前』なのだよ。何事も当たり前と思った瞬間に、感謝の気持ちがなくなる。感謝の気持ちをなくしてしまうことこそが、神様が最も嫌うことなのさ」

ガガに何度も言われたこの言葉を、いつしか忘れてしまっていたのだと思います。

いくらガガに言われても、

いや。

自分は違う。

自分だけは大丈夫。

いつしかそんな気持ちがムクムクと湧き上がってきていました。そして、「魔」がひたひたと近寄っていたことに気付きもしません。

そんな僕を気付かせるために、神様は大きな出来事を起こしたのです。

なんと参拝の日の早朝、ふとしたことで僕は足の靭帯《じんたい》を損傷してしまったのです。

右足をひきずる僕は参拝も御祈禱《ごきとう》を受けることもできず、もちろん神札《しんさつ》も頂けずに泣く泣く帰途に就《つ》くことに。そう、僕は**神様との面会を拒否**されたのでした。

本人に気付かせるため、あえて厳しい環境へ落とす。気付いてくれることを信じて……。これが神様の厳しさであり、本当の優しさでもあるのです。

今ある幸せに気付かない人は、どん底にまで突き落とされることもあるでしょう。

「ねえ、あなた。今あることがすでに幸せでしょう?」

と、気付かせるために。

だけどそれは、神様があなたを信じているから。気付いてくれると思っているから神様がなさること。

人間同士だってそうですね。

相手を信じているからこそ、厳しい言葉を言えるわけです。

そして、こんな出来事が起きるのは僕たちだけではありません。

交流のある先生方にも聞いてみると、全員が同じような経験を何度もされているそうです。

数年に一度、「ほら、私の言ったことをもう一度思い出しなさい」と気付かされる出来事がある、と。

それを踏まえた上で、最後の授業に入っていきましょう。

「感謝」の反対語は「当たり前」。神様が最も嫌う言葉

6章

人生は楽しんだもん勝ち

……ワクワクする瞬間、運気もアップ！

「神社の祭り」が楽しいのにはワケがあった!!

「ガガさん。ここまで教えてもらい、やはり大事なのは『楽しむ』ことだと思うのですが、それについて詳しく聞かせてもらえますか」

マンションに戻ると、僕は改めてガガに声をかけた。リビングにはワカの淹れたコーヒーの香りが漂っている。

「ふむ。よろしいがね」

ガガは「コホン」と一つ咳ばらいをして、話を始める。

「日本人が楽しむと言えば、やはり『**祭り**』について話さねばなるまい」

「ああ、お祭り。たしかに、お祭りって楽しいですよね」

僕は頬を緩めて言った。賑やかな笛に太鼓、威勢のいい御輿《みこし》の掛け声。境内に並ぶ出店《でみせ》での買い食いも、子供の頃からの楽しみの一つだった。

僕の反応を確かめると、ガガは嬉しそうに話を続けた。

「**祭りの目的とは、神様に感謝を捧げると同時に、共に楽しんで喜ばせること**なのさ」

「ただ感謝を捧げる儀式だけではないってことですね」

「神様と共に楽しむって表現、なんか素敵だわ」

僕とワカが続けて声を上げる。


僕は目を瞑《つむ》り、はっぴを着て御輿を担ぐ大人たちや、境内を走り回る子供たちの様子を想像してみる。お祭りはみんな、どこか開放的だ。

「僕もこの前、お祭りで御輿を担ぎましたけど、御輿って神様が乗ってらっしゃるんですよね。そう思うとワクワクしました」

御輿には普段、本殿にお鎮《しず》まりになっている神様が乗っている。お祭りの時だけ御輿に乗せられて氏子《うじこ》たちの住む町を巡回することをご神幸《しんこう》という。神様のご神気《しんき》を町中に振りまいてもらうわけだ。

御輿に乗せられて、ワッショイワッショイと氏子たちに担がれ、揺さぶられたら、神様も楽しいに違いない。御輿を激しく揺さぶるのは「揉《も》む」「練る」と言い、神威を高めて豊作や豊漁、そして疫病《えきびょう》の退散にも繋がるというが、それは神様が楽しむことで神威が強まるからかもしれない。

「それに、祭りではたくさん太鼓が鳴るだろう？　あの太鼓の音は、我々龍神も神様も大好きだがね」

「ええ、人間の鼓動と同じなんですよね」

僕は以前、教えられたことを思い出しながら答える。

「さよう。太鼓の音は、生き物の鼓動の音と似ているのだ。あれは心臓が脈打つ音だがね」

「しかも、人は楽しいとワクワクして鼓動が力強くなる。そんな『嬉しい』『楽しい』を太鼓で表現しているわけですね」

僕が確かめるように言うとガガが頷く。

「日本人は、**人間が喜ぶことこそが神様のエネルギーになる**と知っていた。だから、それを伝えるために鼓動の音を太鼓で表現し、神様を喜ばせたのだよ。『**私たちの喜びの鼓動を捧げます**』とな。伝統には意味があるのさ」

古代の日本人は、喜びの鼓動を表わすために神事に太鼓を取り入れた。神様と人間の関係を熟知していた日本人は、やっぱりすごい。

日本では、一年を通して様々なお祭りが行なわれている。

年明けには無事に新年を迎えられた感謝の気持ちを捧げ、一年の幸せを願う。春に行なわれる御田植祭りでは作物の健やかな生育を、夏には疫病などが流行《はや》らぬように無病息災を願う。そして、秋には新米を収穫できたことへの感謝を捧げる。

そんなお祭りを通して、神様をできる限りもてなして喜んでもらうのが、日本のお祭りなのだ。

ご馳走を供え、神楽《かぐら》を舞って神様を楽しませるだけでなく、人間たちも一緒になって楽しむ。神様が喜べば人間も嬉しいし、人間の笑顔が神様にとってもまたご馳走になる。だから、お祭りは楽しいのだ。

「ならば」と僕は思う。

楽しむことこそが神様との縁を深め、運を上げるシンプルな方法なのだ。

僕は膝を打って立ち上がると、ガガに向かって言った。

「日常でも楽しんで運気を上げる。神様に愛される秘訣をもっと伝授してください！」

「まったくタカは、欲深だがね。まあ、そこがわかりやすくていいのだがな」

呆れたように言った後で、ガガはニヤリと笑った。

「では教えてやるがね。我も楽しいことが大好きだからな」

ガガがそう言った瞬間、リビングに爽やかな風が吹き込んだ。

「ワッショイワッショイ！」と威勢よく御輿を担ぐことも開運への道

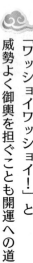

「向こうからやってくるのを待つ」だけじゃ、つまらない

そこで、ふと僕の脳裏に一つの疑問が浮かぶ。

「僕たちはお祭りが好きで、その場にいるだけで楽しいですが……」

僕は言葉を区切った。

「中には人生で楽しいことがない、と嘆いている人もいます。何をやってもつまらなそうで。どうしてなんですかね？」

僕はそう言って首を傾げる。

「たしかに、いるわね。自分には楽しいことがない、ってブツクサ言ってる人」

「うん。たまにそんな人からの質問も来るよね。『楽しいことが見つかりません。そ

ういう人は、どうやって運を上げればいいですか？』ってさ。そんなこと自分で考えてよって思うよ、ホント」

僕はそう言って顔をしかめる。こういう質問は結構困る。

するとガガは、ちょっと考えてから口を開いた。

「ふむ、楽しくないヤツが楽しくなる方法か。そんなの簡単ではないかね」

ガガがもったいぶった言い方をして口元に笑みを浮かべた。

「ぜひ、ここはガガさんの口から教えて頂けると読者の方も喜ぶかと……」

「ほほう。そういうことなら仕方ないがね。頼られるものは大変だがね」

ガガはまんざらでもない様子で顎を撫でた。この龍神様、おだてには乗りやすい。

「そういうヤツは、楽しもうとしていない。ただそれだけなのだ。楽しいことが勝手に向こうからやってくるわけではない。**自分から『楽しもう』と思って行動しなければ楽しむことはできん**のだ」

そう言うと、僕たちを指差して聞いてくる。

「タカは祭りを楽しもうと思って行くわけだろ？」

「もちろんです。昔から祭りは好きですし、楽しむために足を運びます」

そこまで言って、僕はハッとする。たしかに僕は、楽しむために祭りへ行く。笛や太鼓の音色を楽しみ、お御輿を担ぎ、出店の焼き鳥を食べてワクワクする。しかも、これは祭りだけではない。野球を観に行くのも、旅行に行くのも、映画を観に行くのも、みんな「楽しもう」という目的を持って行動するということだ。

そう、「楽しい」の前には、必ずそれに向けた「行動」があった。

「楽しいことがないというヤツには、一つの共通点があるがね」

「それはどんな?」僕は聞いてみる。

「**すべてが向こうからやってくると思っている**のさ」

「向こうから? 何もしなくても勝手にやってきてくれると?」

「さよう。金も、金運さえあれば勝手に入ってくる。仕事も、デキるヤツはもともとデキる。金がないのも、仕事がデキないのも、すべて周りのせいだと思っている」

「そうか。だから楽しくないという人ほど、自分では何もしていないわけだ」

「どうりで、そういう人は面白みがないと思ったわ」と顎に手を当ててワカは呟いた。

楽しむために野球を観に行く。

楽しむために旅行に行く。

楽しむために映画館へ足を運ぶ。

「楽しむ」という目的のために自分から行動をして、初めてそれを楽しめるのだ。


面白いことがない。

お金がない。

運がない。

そんなふうに思っている人ほど、自分では何もしていないもの。

面白いこと、おいで。お金よ、やってこい。運はまだ?　とふんぞり返って待っているだけでは何も得ることはできない。

「面白いこと、なんかない?」——ふんぞり返っているだけでは何も得られない

自分から「掴みに行く」から充実度が増していく

「やっぱりさ、楽しいことは自分から掴みに行かなきゃいけないのよね」

ワカが言うと「そうなのだよ」と、ガガが大きく首を縦に振る。

「**『楽しい』から『楽しむ！』に、意識を変えていく**ことが大切だがね。その変化こそが、運を呼び込む一番の鍵になるのさ」

何事も自分で楽しもうとしなければ、心から楽しむことはできない。

日頃楽しそうな人ほど、その努力を怠《おこた》っていないのである。

すると、日常でも自然と楽しいことが増えてくる。でも、これは当然のこと。だって常に「楽しいことはないか？」と、探しているから。楽しもうとすればするほど、楽しいことの種が見つかるもの。自然と日常に楽しい出来事が増えていくのである。

「そういえばワカと一緒に歩いていると、笑えることばかりだよね」

そう、ワカはいつも楽しい出来事を求めている！

「あ、あの看板の文句、面白いね」

「おっと、新しいお店発見！　ちょっと覗《のぞ》いてみっか？」

「ねえ、あの家のデザインって、すごくない？」

そうやって目を皿のようにして、**楽しい発見**を探している。だから、彼女と一緒にいると、みんな楽しくなる。


「常に笑いの種を探す。楽しいことを見つけようとする。そういう**能動的な姿勢が何事にも必要**なのだよ。『楽しいことよ、やってこい』などという威張ったヤツのところに、わざわざ幸運が出向いていくわけないだろう。我だって嫌だがね」

そう言って掌をヒラヒラさせるガガの仕草に、僕は笑ってしまう。

もう本当にその通りだ。そんな態度の人のところには幸運どころか、人間だって寄り付かない。

僕は、会社にいた頃の上司の顔を思い浮かべていた。

僕を育ててくれたその上司は、いつも笑顔で楽しそうな人だった。

そして楽しむことにとにかく貪欲《どんよく》で、休日となればどこかへ出かけていた。

会社の部活はもとより、自宅で大勢の人を呼んでバーベキューをしたり、好きな歌手のコンサートに足を延ばしたり。隙《すき》あらば、休暇を取得して海外旅行にも出かけるほどだった。

口癖は「だって上司が休まなきゃ、みんな休みづらいだろ」。

冗談めかして言うものの、それで部署の雰囲気もよくなるし、実際に仕事の効率も上がった。そして、今でも僕が主催する年一回のお祭りイベントには、必ず手伝いに来てくれる。

「そういえば僕の上司も、楽しむことにひたすら貪欲でした。そして、とにかくみんなに慕《した》われていました」

そうか。身の回りにそれを実証している人が、ちゃんといるじゃないか。

ガガはそれを解説してくれているに過ぎない。

世の中を見渡せば、そこから学ぶべきものがたくさんあるのだな、と改めて思う。

「『楽しいことがある』ではなく、『楽しもうとする』。その発想の転換が神様との距離を縮め、幸運への第一歩となるわけですね」

僕が改めて口にすると、ガガが「ようやくわかったかね」と腰に手を当てて言った。

はい、わかりました。

よし、僕も積極的に楽しいことを見つけるぞ。

そう心に誓った。


常に「笑いの種」「楽しい発見」を探しているから毎日が楽しくなる

「まずは、やってみる！」その行動力が未来をつくる

「気が付いたんだけどさ、タカの元上司もそうだし、**好きなことをしている人って、仕事もデキるし、遊ぶのも上手な人が多い**と思わない？」

ワカの言葉に僕も頷く。うん、たしかにそうだ。

会社でも仕事がデキる人ほど、好きなことに貪欲なイメージがある。

「逆に仕事がデキない人とか、ミスが多い人って、無趣味な人が多い気がする」

僕の勝手な主観かもしれませんが、と付け加えると、ガガが即座に反応した。

「いや、まんざら間違いでもないがね。実際にそういう場合が多いのだよ。そして、それにもちゃんと理由がある」

「理由が？　たまたまじゃなくですか？」

僕が聞き返すと、ガガがチッチッと指をタクトのように左右に振って、

「だからタカは甘いのだよ」と、僕を一瞥《いちべつ》して続けた。

「趣味がないというのは、言い換えれば好きなことがわからない、ということだ。それはどういうことかわかるかね？」

ガガの問いかけに、僕は腕を組んで眉間《みけん》に皺《しわ》を寄せ、うーん、と唸る。


「なにをタコみたいな顔をしているのかね？」

「いや、タコじゃなくてタカですから」

ガガのちゃちゃにツッコミを入れつつ、

「自分の好きなことがわからない、ということは『自分で決められない』ということではないでしょうか？　判断ができないとも」

僕が言うとガガがニヤリと笑う。

「まあ半分正解としておこう」

「は……半分？」

「そうだがね。決めることも大事だが、その前に、**まず、やってみる**必要がある」

「たしかにガガの言う通りだと思うわ。**まずやってみなきゃ、実際にそれを自分が好きかどうかもわからないい**んじゃない？」

ワカが当然のように言うのを聞き、僕もそこで初めて気付く。うん、たしかに。

本当にそれが好きかどうかは、実際に行動してみて初めてわかると思う。

だから、好きなことがある人は、行動力がある人ともいえる。

そして、これは先ほどの「楽しむ」ことでも同じ。「楽しもう」と行動した人だから、それが楽しめることだとわかるのだ。

思ったら、やってみる。気になったら、挑戦してみる。

そうやって人は「好きなもの」を初めて発見できるのだと思う。

「そっかー。じゃあ好きなことがある人は、それだけで行動力があるのね。仕事がデキる人が多いのも、当然ってわけだ」と、ワカ。

普段、行動できていないのに仕事だけできるなんてことはない。なるほど、そういうカラクリがあったわけか……。

よし、気になったことは積極的にやってみるぞ。

そんなことを僕が思っていると、

「そこで我も気になることをやってみたいのだよ」

ガガが突然言い出した。い、一体、何を？

「我は観覧車に乗ってみたいのだよ」

「か……観覧車ですか？　それはなぜ？」

「なぜ？　やりたいと思ったことに理由など必要かね。我はゆっくり昇って、ゆっくり降りる体験をしてみたいと思ったのだよ。我はいつもジッとしておられんからな」

たしかに、ガガがジッとしているのを見たことがない。なんせガーガーうるさい龍神様だから。

そう思いながら「さて、どうしたものか」と、こめかみをポリポリと掻いた。

「さあタカや。早く準備するがね。我の観覧車を！」

龍神様のリクエストに応えるのも大変だ。

「気になること」があったら、即行動！

なぜ「うまくいく人」は〇〇好きなのか？

「しかしデキる人ほど遊びにも一生懸命なのは面白いですね。好きなことがあれば、そのために仕事も頑張れるということでしょうか？」

僕はガガの気を逸《そ》らそうと話題を振った。

ひとまず観覧車を忘れさせねばなるまい。

「さよう。しかし、他にも大事なことがあるがね」

ガガが乗ってきた。よしよし、うまくいったぞ。僕はホッとしながら続きを促す。

「その大事なこととは？」

「**好きなことがあるヤツは、それだけで人生が充実していく**ということだ。日々が充実すれば、活力が湧く。活力が湧けば、何事もうまく回るようになるがね」

「好きなことをしてる時は楽しいですからね。そういう時間が増えれば、自然と人生がよくなる気がします」

よくわかる。僕も野球やスキー、読書に映画など、好きなことがいろいろある。

「もちろん、それもあるだろう。しかし、人間というのは**気を集中できる機会が多ければ多いほど人生が充実する**のだよ」

「気を集中？」

「読んで字の如しだ。誰だって興味のないことに集中せんだろ？」

たしかに！　とワカが指を鳴らす。

「嫌なことには集中できないわ。なんか注意も散漫になるし」

「言われてみれば、そうかも。逆に好きなことだと夢中になれますよ。へえー、それが集中するってことなのか」

僕も思わず呟いた。

「**好きなことがたくさんある人間は、普段から集中の訓練を積んでいる**のだよ。すると自然に、何に対しても集中できるようになる。そうすれば仕事も人間関係もうまくいくように変わっていくがね」

「それなら仕事がデキる人ほど、好きなことがたくさんあるのは納得できます」

僕が言うと、ガガが「実はこれにはもう一つ、お得なことがあってだな」と続けた。

「**祈りには集中が必要**だろう？　**祈りとは宣言**だ。ちんたらちんたら祈っていたら、いつまでも気持ちは相手に伝わらんがね」

「た、たしかに」

「あとは好きな人間がたくさんいるヤツも同じだがね。恋人でも、友達でも、家族でも誰でもだ。好きな相手にウマいコーヒーを淹れたいと集中する。ウマいメシをつくってあげようと集中する」

「美味しいご飯をつくろうと台所に立つのと、時間だから仕方なくつくろうと思うのとでは、全然味が違うからね」

ワカがフライパンを振る仕草をして言った。

なるほど。僕が毎日美味しい食事ができるのは、そういう理由があったのか。

「日常で集中する機会が増えれば、仕事や人間関係にも集中できる。ミスは減り、自然とうまくいくのだよ」

ガガは言った。

「しかも祈りの力も増して、神様とも意思疎通がしやすくなるなんて、いいことずくめだわ」

好きなことがある。

好きな人がいる。

それだけで人生が充実するのは当然のこと。

好きなことを見つける行動力があって、好きなことをすることで集中力も付く。

おまけに好きなことで満足感も得られて心も満たされるのだから、言うことはない。

好きなことがある、好きな人がいる。
それだけで人生の充実度はグンとUP

「好きなことをする」ための〝環境づくり〟は抜かりなく！

「それならどんどん好きなことを見つけた方が幸せね。だってそれに取り組めば、自然に人生も好転するんだから」

「そうなのだ。**人生は楽しんだもん勝ち**と言えるがね」

ワカとガガが盛り上がっている。しかしだ。一つの疑問が湧き上がってきた。

「あの、水を差すようで申し訳ないんですが」

僕は恐る恐る手を挙げて質問する。

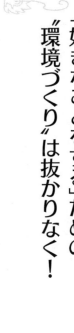

「何かねっ？」

「好きなことをする、と言いますが、それをできない環境にいる人も多いと思うんです。仕事が忙しくて時間をつくれないとか、家族や友人に反対されるとか、場合によ

って は体裁を気にする人だって」

僕はそう言うと、改めてガガの方へ向き直り、

「そういう場合、何か策はありますかね？」

そのくらい自分で考えたまえ、と叱責《しっせき》されるのを覚悟で聞いてみる。

「そのくらい自分で考えたまえ！」

あ、やっぱり……。僕が苦笑し、頭を掻いていると、

「まあしかし、バカなタカのために少し教えてやるとするがね」

「お願いします」

僕はすかさず頭を下げる。


「やりたいのにやらなければ、我々にもその心の内は伝わらん。その**思いを行動に移してこそ、本当にやりたいことが伝わる**のだ。しかし、ここで二つ注意してほしいことがあるがね」

「二つ？」

「一つ目は『**好きなことをするには、嫌なこともしなければいけない**』ということ。

二つ目は『**自分がやりたいことをする自由がある分、相手にも自由がある**』ということ。これを決して忘れぬことだ」

僕はガガの言うことをかみ砕く。そして少し考えてから、

「二つ目の『嫌なこともしなければいけない』というのは、**環境づくり**という意味でしょうか？」と聞いてみた。

僕の上司も、休暇を取るために前倒しして仕事を終わらせたり、誰にも文句を言われない環境をつくっていたのを思い出したのだ。

嫌な仕事も率先して引き受け、誰よりも仕事をこなしている姿に、誰も文句は言えなかった。むしろ「たまには楽しんできてくださいよ。あとは私たちがやっておきますから」という声までかけていた。

やりたくない仕事も、「好きなことをするための環境づくり」ということなら納得できる。僕だって、ちゃんと原稿を仕上げてから遊びに行くように心がけている……つもりだ。苦情は受け付けない。

「その通りだ。何より他人に迷惑をかけていることへの罪悪感を持っていては、好きなことをしていても心から楽しむことはできんだろう」

「私も誰かに迷惑をかけていると思うと楽しめないわ」

と、ワカ。

「それに、いくら好きなことをしても、周りに迷惑をかけて嫌な思いをさせては意味がない。『世の中の法則』で、その気持ちが自分へ返ってくるからな」

それは嫌です、と心で叫ぶ。


「そして二つ目の、『自分がやりたいことをする自由がある分、相手にも自由がある』ということだが」

「これはわかる。『好きなことをしろと言われたからしたのに、他人から怒られた』って、文句を言う人がいるのよ、メーワクだわ」

それこそ、その環境を自分でつくってないだけでしょ、とワカは口を尖らせる。

「そういうヤツに我は言いたいのだ。おまえ、バカかね？　**おまえが好きなことをす**

る自由がある分、相手にも文句を言う自由だってあるのだよ、とな」

好きなこと、やりたいことをするのであれば、それに伴う痛みも覚悟しなければいかん、とガガは続ける。

「それが嫌なら、一つ目の『文句を言われない環境』を自分でつくるしかないですよね。そうすれば『世の中の法則』で嫌な思いをすることもないし」

自分に好きなことや、やりたいことをする自由があるのなら、他人にだって好きなことを言う自由もある。それを理解することだ。

自分がやりたいことをするのと、それに周りが理解を示してくれる、ということは、まったく別の話なのだから。

「やりたいことをする自由」には
ちょっとした痛みが伴うこともある

人生を好転させたいなら「我慢」と「努力」をはき違えない

「だけど、たしかに自分の好きなことのためと思えば、嫌なことでも頑張れるかも」

僕が何気なく呟いた一言に「そうなのだよ！」と、ガガが食い付いた。

「人間には、**『我慢や忍耐が大事』**というヤツがいるだろう？」

「いますね」

昔はそういうことを言う人が多くいた。いわゆる根性論だ。

「逆に、最近では**『我慢なんてしなくていい』**というヤツもいる」

「はい。最近はそんな本も増えてきました」

たしかに最近、本屋に行くと、そういう本をよく見かける。

我慢しない。

頑張らない。

好きなことだけする。

わからなくもないが、その考えだけに偏るのもどうなんだろう？　と思うことがある。さて龍神様の見解は？

「我からすれば、**本当に大事なのは『その先に何があるのか？』**なのだよ」

「その先？　例えば、それを我慢すれば何が得られるか、ということかしら？　ただの忍耐比べじゃ、私も嫌だもん」

その先に自分のやりたいことがないのであれば、我慢する甲斐《かい》もないとワカは言う。

うん、僕も激しく同意する。

「もっともだがね。そもそも、そんな我慢は時間がもったいないとは思わんかね？」

そう言って、嘆かわしいと首を振る。

「しかし、我慢して耐えた先に、自分の望む世界があるのであれば、いくらでも我慢すればよい。自分の希望を実現するために、必要なことなのだからな」

そう言うとガガは「つまりだ」と語気を強め、

「大事なのは、**その我慢にどんな意味があるのか？**　ということなのだよ」

そう言い切った。

例えば、「漫画家になりたい」と願う人がいる。

認められないうちは、なかなか収入を得られないだろう。

だから生活のために、嫌なバイトなんかを続ける必要がある。

そうしなければ、漫画を描き続けることはできないから。

そして、それは「漫画家として成功する」ために必要な我慢というわけだ。

すると、そんな「我慢」はやがて「努力」に変化していく。

「漫画家として成功するための努力」になるのだ。

「今、自分がしていることを考えてみるがね。それが自分のやりたいことや好きなことに必要ならば、努力すればいい。だが、ただの我慢であれば、時間の無駄だ。パッパとやめてしまうがね」

今、自分がしているのは、我慢なのか？　それとも努力なのか？

そこをはき違えないことが時間を無駄にせず、人生を好転させるコツ。

嫌な仕事でも家族の笑顔のためならば頑張れるし、嫌な勉強も学校に受かるため、試験に合格するためならば頑張れる。それが努力。

僕も学生時代には試合に勝つために一生懸命にバットを振り、練習に汗を流したものだ。それはすべて試合に勝つ喜びを得るため。

その努力が厳しいものであればあるほど、結果を出した時の喜びは大きい。そう、大きな喜びには努力は絶対に必要なものなのだ。

そして神様も龍神も、そんな大きな喜びを人間に体感してほしいと望んでいる。

「今の解説に一つ訂正があるがね。タカが練習に汗を流したのは、試合に勝つためではなく、『試合に出るため』だったのではないかね？」

ど、どうせ僕は補欠でしたよ。もうっ！

本当に考えたいのは「我慢の先に、何があるのか？」

「やりたくないことを知る」のも人生では大切なこと

「おっと、それともう一つ大事なことを忘れていたがね！」

ガガが膝を打った。

龍神に膝があるかはわからないけど、そしてどこが膝かもわからないけど、とにかくそんな感じで再び口を開く。

「やりたいことがないとか、わからんというヤツは、実はやりたくないこともわかっていないヤツが多いのだよ」

「へ？　やりたいことじゃなく、やりたくないこと？」

カップに残ったコーヒーを飲み干して、妻が言った。

「さよう。**やりたくないことを知るのも、やりたいことへ辿り着く一つの手段**なのだよ」

「い……意味がわかりませんが?」僕、困惑。

「簡単な話だがね。やりたいことがわからなければ、やりたくないことを一つひとつ消去していけばよいではないか。そんなこともわからんのかね?」

さも当然という雰囲気で、ガガが言った。

「ちょっとガガ、やりたくないことを消去していくって、どういうこと?」

説明を促すワカ。たしかに、ここは詳しく知りたいところである。

「まったくおまえらは出来が悪くて苦労するがね」

そりゃ悪かったですね。

「例えば、だ。『決められた時間に働くのが嫌だ』というヤツがいれば、それを消去したところに、やりたいことがあるものだ」

わかった! と僕は手を叩く。

「時間が自由になる仕事の中に、自分のやりたいことがある。だから、それを探せということですね」

「その通りだがね。好きな時にしか仕事がしたくなければ、そういう仕事を自分で探せばいい。なければ自分でつくってしまえばいいがね」

「やりたくないことを自分で消去していくわけだ」

「つまり、やりたくないことを知って、それをしなくて済む方法を考えるのね。そして、それに向けて行動するってことか」

　ワカも頷く。

「やりたくない、と文句ばかり言っていては何も変わらん。やりたくなければ、やめればよい。そして、自分でやらなくていい環境をつくるのだよ」


　やりたいことがない。

　やりたいことがわからない。

　そんな人は、まず**「やりたくないことをしなくて済む方法」はないかを考えてみる**といいそうだ。

　通勤したくなければ、家でできる仕事を考える。

　親の言うことを聞きたくなければ、親に納得してもらうための方法を考える。

我慢をしたくなければ、その我慢をしなくていい方法を考える。

それを繰り返していくのも、やりたいことに辿り着く、また一つの方法と言える。

「多くの玉の中から、当たりを見つけるためには、当たりの玉を直接探すのではなく、外れの玉を一つひとつ取り除くのも方法ってことですね」

人生はどこにヒントが隠されているかわからない。そういう探し方も悪くない。

「消去法」って、意外と使える

「天職」と「適職」――後悔しない選択のために

最後にどうしても聞きたいことがあった。

「ガガさん。よく『**好きなことを仕事にしたい**』という声を耳にします。そういう人はどうすれば願いが叶うのでしょう？」

誰もが一度は考えたことがあるだろう。

自分の好きなこと、やりたいことが仕事になったら、どんなに幸せだろう、と。

「それについては私に説明させてください」

穏やかな、だけど凜《りん》とした空気に変わったと思うと、黒龍が現われた。

「あ、黒龍さん」

こういう場面での黒龍さんの説明はとても嬉しい。

「好きなことで生きていく。好きなことを仕事にする。そんなフレーズに誰もが憧れることでしょう。音楽をやりたい、絵を描きたい、カウンセラーになりたい、占い師になりたい、役者をしたい、本を書きたい、モデルになりたい……」

静かな口調で黒龍は語り始めた。きっと人間たちに伝えたい強いメッセージがあるのかも、と僕たちは静かに耳を傾ける。

「しかし、現実はパートの仕事をしていたり、会社員だったり、アルバイト生活だったり、生活のために仕事をこなしている状態の人も多いでしょう。生活のための仕事は好きでやっていることではないから、いっそ辞めてしまおう。だって、好きなことをすればいいんだから。好きなことをやれば自《おの》ずと運が回ってきて、きっと成功するんだから。好きなことでお金を稼げれば、きっと苦労はないだろう」

そこで一つ大きく息を吐き出すと、

「そう考えている方がいらっしゃったら、今すぐやめた方がよろしいでしょう。傷つくだけです」

ハッキリと言い切った。

「まあ、たしかに好きなことを仕事にすれば、『評価されること』に向き合う必要がありますしね。辛辣《しんらつ》な意見や評価に向き合う覚悟が必要ということですから」

と僕は返した。これは、僕らが身をもって知ったことでもある。

「そうです。好きなことで生きていくならば、甘い考えはすべて捨ててからにしましょう。誰も助けてはくれません。表面的に『頑張って』や『応援してるよ』の言葉をかけられるだけです。あなたの好きなことを、あなた自身が価値に変える、すなわち金銭に変えることができねばならないのです。厳しいことも言われるでしょう」

本当にそうだ。いくら好きなことでも、それが利益にならなければ仕事として成り立たないのである。

「そうなると、いつしか嫌になっちゃうかもしれないわね。もともと好きなことだったのに」

難しい顔で言う妻に、僕も同意した。

「好きなことを仕事にしたがために失敗したって話も聞くし、その線引きが難しいよね。でも、本当に好きなことは、何があってもずっと好きなんだと思う。黒龍さん、どうでしょうか?」

「タカさん、さすがです。その通りです」

黒龍は安心したように言った。

「ポイントは、どんなに批判されても好きでい続けられる情熱。そして今、会社を辞めようと思っている人であれば、どんなことがあっても『ああ、やっぱり前の仕事を辞めなければよかった』と後悔しない覚悟があるか。その二つです」

何があっても好きでいられる情熱と後悔しない覚悟。

響いた。

「その両方があれば、私たちは全力で後押ししましょう」

黒龍がそう言って笑みを浮かべる。

後でガガから聞いたことだけど、黒龍は好きなことで食べていこうと仕事を辞めたり、その業界に飛び込んだりして挫折《ざせつ》し、結果的にせっかく好きだったものを嫌いになってしまったりする人をたくさん見ては、心を痛めていたのだという。黒龍さんらしいな、と思う。

どんなに厳しいことを言われても、嫌いになれない。どんなにつらいことがあっても、やめられない。そう思えるほど好きになればいい、か……。

きっと一流と言われる人は、みんなそうなんだろう。

人が休んでいる時間も練習したくてたまらない。歌いたくてたまらない。書きたくてたまらない。二十四時間、そのことばかり考えているから、外から何を言われようがやめられない。


好きで好きでたまらないから、どんなことにも耐えられるのだ……。

「ですから、ぜひ皆さんには、そんな好きで好きでたまらないものを見つけてほしいのです。なにも私も、夢を断念させたくて言っているのではありません」

「もちろん、わかってます！」

僕は両手を左右に振って叫んだ。黒龍さんの優しさは、僕が一番よくわかっているから。本当の幸せを願っているからこそ、厳しい言葉をかけるのだということを。

「あと、好きなことは趣味程度に留め、そのためにもこれまでの仕事を頑張るという手もあります。それくらいが一番楽しく感じる人が多いのではないでしょうか」

「天職と適職は違いますもんね」

僕の言葉に黒龍がニッコリと微笑む。

「天職」というのは、魂が満足する仕事を言う。多くの人が好きなことと言っているのは、これを指すことが多いという。仕事なのに、とても楽しく感じる。だけど、それがお金になるかどうかは、まったく別の話なのだ。

それに対し、**「適職」は自分の得意な仕事**を言う。それほど好きでもないし楽しくもないが結果が出る。収入になる。

つまり、好きなこと（＝天職）がそのまま仕事として成り立つとは限らないということだ。そこを見極めて、自分がより幸せになれる方法を選ぶ。

そうすれば神様や龍神も、それを後押ししてくれる。

「ガガさんも私も、皆さんが幸せになってくれることを切に願っているのです」

その言葉を残して、黒龍の気配はスッと消えた。


リビングが赤いと思ったら、いつの間にか夕方になっていた。西の空がきれいな夕日に染まっていた。

その空を見ながら、ふと閃いたことがあった。ある土地が、僕の脳裏に浮かび上がってきたのだ。あの時の感覚は、今でもよくわからない。

「ワカ」

「何?」

「奈良に行こう」

カカカ、とガガの笑い声が聞こえた気がした。

いつでも「自分がより幸せになれる」方へ!

そう！　決めると叶う‼
だから、今ここで決めちゃいましょう‼

数日後、僕たちは奈良県の**大神《おおみわ》神社**を訪れていた。

大神神社は三輪山をご神体としているため、本殿を持たないことでも有名な神社である。何より僕たちの崇敬《すうけい》する出雲大社のオオクニヌシを助けた神様が祀られているのだから、僕たちにとっても関わりの深い神社と言えるだろう。

狙ったわけではなかったが、その日、「秋の大神祭《おおみわさい》」が行なわれていたのは、単なる偶然か、それとも龍神様のいたずらか？

大神祭は秋の収穫に感謝し、国民の安全を祈る二千年の伝統を持つ祭典だ。威勢のいい掛け声と共に御輿が街を練り歩く様《さま》は、賑やかで活気に溢れ、僕たちの心も自然と湧きたった。

三輪山をご神体とする大神神社の拝殿

名物の三輪そうめんを食べてから境内へ戻ると、御輿を担いだ男たちが拝殿の前に集結していた。

御輿の上には太鼓台が設置され、激しく太鼓が打ち鳴らされる。そして、その御輿を大きな掛け声と共に担ぎ手たちが激しく揺さぶった。

祭りのクライマックスだ。

境内が歓声に包まれる。その中心にいる神様も、さぞ楽しんでいるに違いない。だって、これだけの人たちの笑顔で溢れているんだもの。

そしてガガも黒龍も、この光景を近くで眺めているはずだ。

そう、僕たちはこの瞬間を大いに楽しむために生きている。

ガガの声が頭に響く。

「自分の人生を『楽しむ』と決めてしまえばいいのだよ！」

そうだ、それを決めるのは誰でもない、自分自身なんだ。

大事なのは、自分で決めること、そう決めてしまうこと。

だから、この瞬間も「楽しむ」と決める。

「幸せになりたい」ではなく、**「幸せだ」と決めてしまえばいい。**

自分で決断する。

そして行動する。

たったそれだけで、人生は今すぐ好転し始める。

そして、そのために必要なのは、たった一つ。

「よいと思う方を選択していく」

これだけだ。

ガガが言う。

「頭だけで考えるな。心でも感じるのだ。人の運命は選択一つで大きく変化する。よいと思う方を選択することで、自分の運命がどれほど動き出すか、一度体験してみてほしいのだよ」

よい選択をし、よい日々を楽しむ。

そうすれば、一カ月後、一年後には素晴らしい自分に出会えているはずだ。

「冗談ではないぞ、我は本気なのだよ。さあ、今すぐだ。時は待ってくれぬ、龍神の気も早いのだよ。誓いを立てたら動き出すがね。朝起きて、寝るまでの時間を味わい尽くすのだ」

僕の幻聴だろうか？　いつもワカに通訳してもらっているガガの言葉が胸に入ってくるようだ。

さらに激しくなる御輿の動きと太鼓の音に、だんだん僕も興奮してきた。

ふと横を見ると、ワカがニッと笑みを浮かべて、小さく上空を指差した。

やっぱり、ガガがしゃべっているのか？

「どうだ、楽しくなってきただろう。皆で一緒に運気を上げるというのは、面白いだろう？　何があっても日々の出来事を楽しめ。よいことがあったら大げさなくらい喜ぶのだ。優しくされたら嬉しいことを相手に伝えろ。もちろん心からだ。『ありがとう』の思いで、必ず運気は上昇する」

太鼓の音が激しさを増した。
氏子たちの歓声が境内に広がっていく。
そんな盛り上がりの中、聞こえるはずのない一言が脳内にガツンと響いた。

「我を信じるがね！」

「今、この瞬間を楽しむ」ことが
最強の開運法！

エピローグ

すべての「ご縁」に感謝!

大神神社を後にした僕たちは、国道一六九号線を奈良市へ向けて車を走らせた。

そしてその翌日、僕たちは朝から**春日《かすが》大社《たいしゃ》**へ向かったのである。

春日大社は、奈良に平城京が遷都《せんと》された約千三百年前に、日本の国の繁栄と国民の幸せを願って、遠く鹿島神宮《かしまじんぐう》からタケミカヅチをお迎えしたのが始まりという。

抜けるような青空のもと、奈良公園内の参道を歩いていると、鹿《しか》がワラワラ行き交っていた。中にはご飯を要求するように、参拝者へ近づくツワモノもいた。

「思えばタケミカヅチ様も鹿に乗ってここまで来たんだよね。鹿って、乗るには少し小さい気がするけど」

僕が笑って言うと、

「たしか、三笠山に降り立ったんじゃなかった？」

ワカが春日大社の東側の方を指差した。

三笠山は古くから、神が鎮座する山である神奈備山《かむなびやま》として、朝廷からも篤《あつ》く信仰された山だ。今でも禁足地《きんそくち》として入山は厳しく制限されている。

「ご縁の不思議」を実感した春日大社

なんだか「呼ばれて」ここに来た気がしていた。

今はわからなくても後でわかることもあるだろうと、僕は素直にここに来た。

そして僕たちは、境内にある遥拝所《ようはいじょ》から三笠山へ向かい静かに手を合わせた。

「そんなことがあったなんて……これは神様のお導きとしか思えません」

僕が話し終えると、少し前に「はじめまして」の挨拶をした編集者さんが、驚愕《きょうがく》したように言った。

実は奈良から帰宅すると、一通のメールが届いていたのだ。差出人は初めての出版社、内容はもちろん書籍刊行についての相談だった。早速連絡を取り、会うことになった。あれはちょうど東京でフェルメール展をやっていた頃だ。上野のお洒落《しゃれ》なカフェで、顔合わせをした。

そして、そこで驚くような話を聞いたのである。

「小野寺先生は先週、春日大社へ行かれていましたよね」

「ええ。ちょうど春日大社での参拝を終えた時に、ご連絡を頂きました」

編集者さんは僕の言葉に、「実は……」と、自分の名刺をテーブルに置いた。

「私どもの会社名は、山岳信仰の対象でもあった『三笠山』から取らせて頂いたものなんです。こんな偶然って……」

そう言って指差した先には、鹿のマークが刻印されていた！

これこそ神様が結んでくれたご縁なんだと、確信した瞬間でもあった。

なかなかすごいご縁でした、心からそう思います。

さあ、この本こそ世に出すべきものだ！　と、神様が導いてくれたに違いありません。事実、僕もとても神聖な気持ちで、それでいて本当に楽しく筆を進めることができました。

製作に際し、お力添えを頂いた三笠書房の関係者の皆様にお礼を申し上げると共に、このご縁を結んでくれた神様、龍神様に深く感謝致します。

そして、この本を手に取った方が幸せになれるよう、祈ると共に、どうか世界が、日本が、豊かで穏やかであるよう心から願い、了と致します。

小野寺S一貴

本書は、本文庫のために書き下ろされたものです。

龍神《りゅうじん》に教《おそ》わる!
運《うん》がよくなるスペシャル授業《じゅぎょう》

著者　小野寺S一貴（おのでら・えす・かずたか）
発行者　押鐘太陽
発行所　株式会社三笠書房
〒102-0072 東京都千代田区飯田橋3-3-1
電話　03-5226-5734（営業部）03-5226-5731（編集部）
https://www.mikasashobo.co.jp
印刷　誠宏印刷
製本　ナショナル製本

 ISBN978-4-8379-6932-7 C0130

王様文庫

王様文庫

眠れないほど面白い『古事記』

由良弥生

意外な展開の連続で目が離せない！　「大人の神話集」！　●【天上界vs.地上界】出雲の神々が立てた〝お色気大作戦〟　●【恐妻家】嫉妬深い妻から逃れようと〝家出した〟神様　●【日本版シンデレラ】牛飼いに身をやつした皇子たちの成功物語　……読み始めたらもう、やめられない！

いちいち気にしない心が手に入る本

内藤誼人

対人心理学のスペシャリストが教える「何があっても受け流せる」心理学。◎「マイナスの感情」をはびこらせない　◎〝胸を張る〟だけで、こんなに変わる　◎「自分だって捨てたもんじゃない」と思うコツ……etc.「心を変える」方法をマスターできる本！

気くばりがうまい人のものの言い方

山﨑武也

「ちょっとした言葉の違い」を人は敏感に感じとる。だから……　◎自分のことは「過小評価」、相手のことは「過大評価」　◎「ためになる話」に「ほっとする話」をブレンドする　◎「なるほど」と「さすが」の大きな役割　◎「ノーコメント」でさえ心の中がわかる

K30522